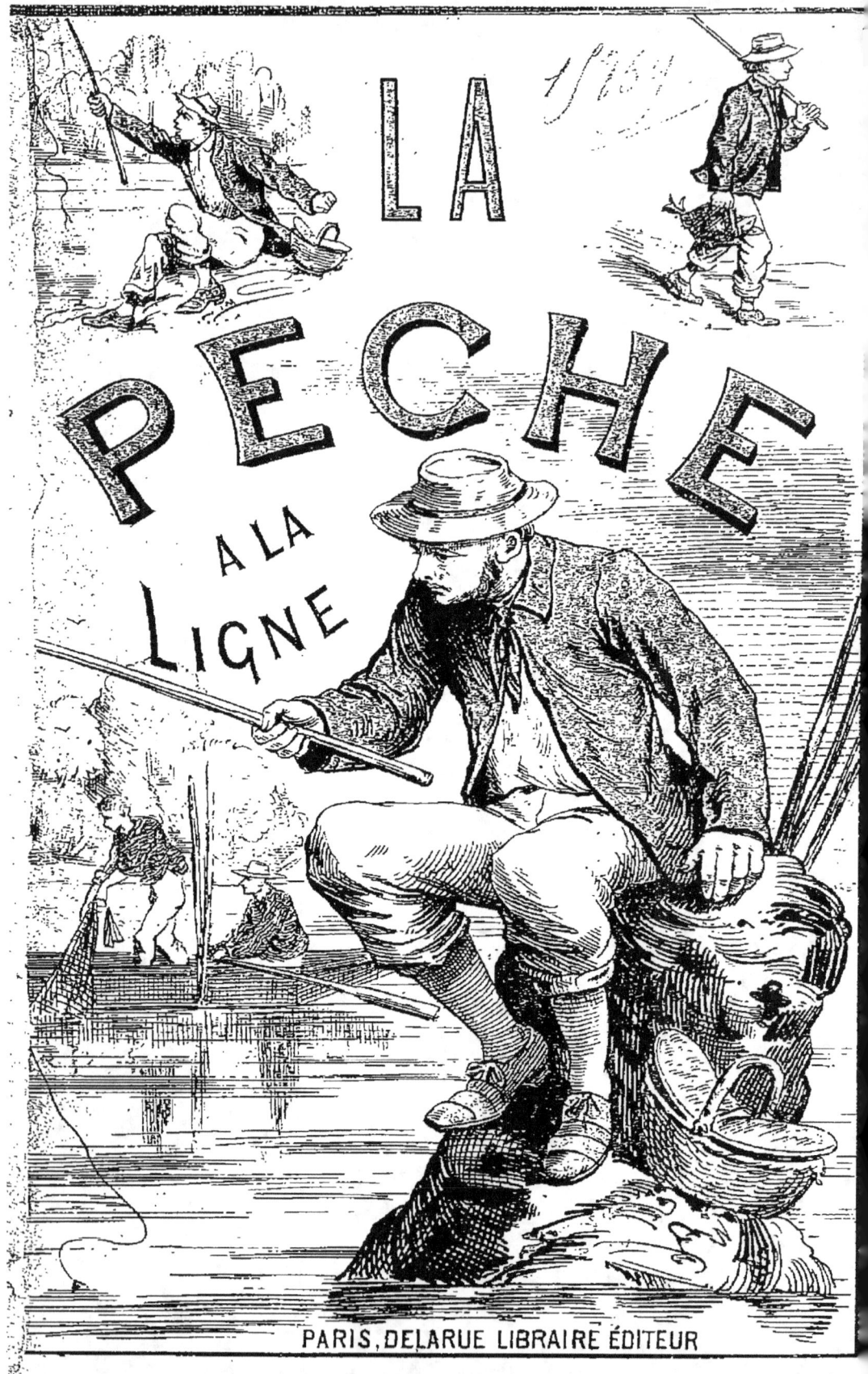

LA PÊCHE A LA LIGNE

PARIS, DELARUE LIBRAIRE ÉDITEUR

LA PÊCHE EN EAU DOUCE

LA PÊCHE

EN EAU DOUCE

CONTENANT

TOUS LES PRINCIPES DE LA PÊCHE A LA LIGNE
LA DESCRIPTION DES ENGINS
DES POISSONS ET DES EAUX OU ILS SE TIENNENT
LA RÉGLEMENTATION DU DROIT DE PÊCHE, ETC.

PAR

H. DE LA BLANCHÈRE

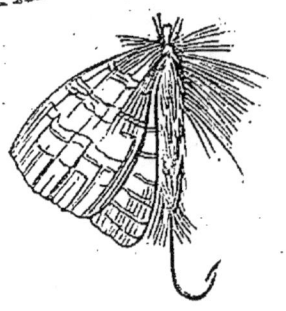
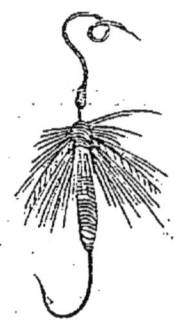

PARIS

DELARUE, LIBRAIRE-ÉDITEUR

3, RUE DES GRANDS-AUGUSTINS

LA PÊCHE ET LES POISSONS

DICTIONNAIRE GÉNÉRAL DES PÊCHES

Publié sous les auspices du Ministre de la Marine et des Colonies, du Ministre de l'Agriculture, et du Ministre de l'Instruction publique

PAR H. DE LA BLANCHÈRE

Précédé d'une préface par Aug. DUMÉRIL, professeur au Muséum d'histoire naturelle..

Illustrations et planches de A. MESNEL

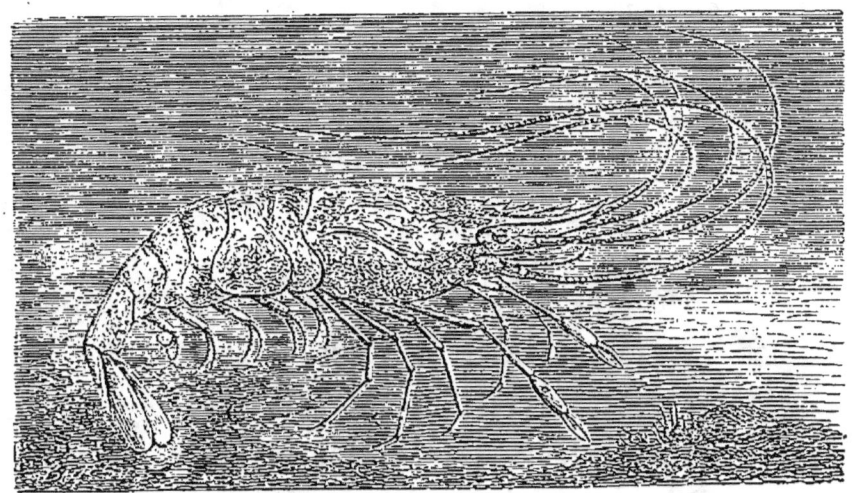

Médaille d'or à l'exposition du Havre, 1868

1 fort vol. grand in-8º orné de 48 planches dessinées et coloriées par A. MESNEL, d'après les photographies faites sur nature par l'auteur, et de nombreuses figures intercalées dans le texte.

Prix : 30 fr. ; relié en demi-chagrin, avec tranches dorées, 35 fr.

Ce *Dictionnaire* comprend non seulement l'histoire naturelle des poissons, mais des renseignements techniques sur les pêches de chaque poisson de mer et d'eau douce, et les notions de législation, de jurisprudence et de statistique qui s'y rattachent.

EN VENTE CHEZ CH. DELAGRAVE

Rue Soufflot, à Paris.

PRÉFACE

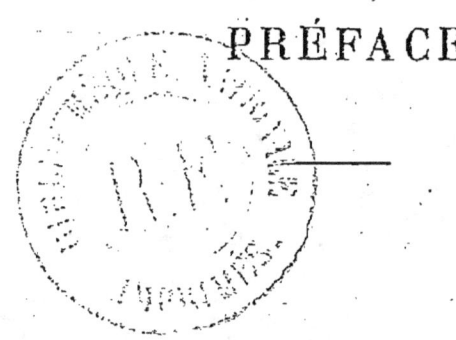

La pêche, comme la chasse, est une lutte contre des êtres que la nature a munis de tous les moyens voulus pour nous échapper. Elle a de plus une difficulté spéciale : nous ne pouvons point pénétrer dans l'élément où ils se meuvent.

Cette difficulté — et bien d'autres — font de la pêche quelque chose de plus délicat et de beaucoup plus difficile que la chasse. « La pescherie, dit Plutarque, n'est poinct petite industrie, ne simple ne grossière. »

Quoi qu'il en soit, dans la pêche comme dans la chasse, l'homme a pour lui l'instinct, la pratique, le raisonnement.

La pêche instinctive est celle du héron, du cor-

1

moran ou de la loutre. Ç'a été celle du premier homme, qui, accroupi au bord d'un ruisseau et caché dans les grandes herbes, a saisi dans sa main la première ablette endormie sous le soleil.

La pêche pratique est celle du sauvage, qui, instruit depuis son enfance par l'exemple de sa tribu, riche elle-même de traditions antiques, apprend ce qu'il faut faire pour capturer les habitants de son fleuve ou de son lac.

La pêche raisonnée, c'est la nôtre. C'est l'art de joindre l'étude et la science à la pratique et à l'instinct.

Le petit volume que voici expliquera ce que nous voulons dire.

H. B.

Nous recommandons à nos lecteurs : LE GRAND DICTIONNAIRE DES PÊCHES, *du même auteur, un volume édité avec le plus grand luxe par Delagrave, rue Soufflot. C'est une encyclopédie complète de tout ce qui est relatif à la pêche et dans laquelle a souvent puisé M. de la Blanchère pour faire ce petit manuel.*

(Note de l'éditeur.)

LA PÊCHE EN EAU DOUCE

PREMIÈRE PARTIE

GÉNÉRALITÉS

I

LA LIGNE. — HAMEÇONS. — LE CORPS DE LIGNE L'EMPILAGE. — LA FLOTTE ET LE PLOMB

La ligne est l'instrument caractéristique du genre de pêche que nous voulons décrire. A proprement parler, le mot ligne n'indique qu'une partie de cet instrument; c'est-à-dire le fil qui en forme le corps et qui rattache la canne et le scion qui la termine à l'avancée qui soutient le ou les hameçons. Ces quelques mots prouvent que le mot *ligne* renferme dans son acception générale, non point un petit instrument qui, comme on le dit, *finit par un petit animal et commence par un gros imbécile*; mais bien, forme un assemblage délicat de petits instruments intelligemment combinés et qui ne sont pas toujours aisés à employer de la meilleure manière possible. Partons de la main du pêcheur : elle tient la canne formée de plusieurs pièces s'emboîtant les unes à l'extrémité des autres, et formées de matières végétales choisies de manière à unir la force, la légèreté et la flexibilité.

L'extrémité la plus éloignée du pêcheur et en même temps la plus mince, celle en laquelle on peut dire que se condensent toutes les qualités de la canne, se nomme le scion. Un bon scion est une chose fort rare ; il doit être léger, raide, flexible et surtout élastique ; qualités qui s'excluent les unes des autres dans une certaine mesure. Au scion est attaché ce qu'on appelle la ligne proprement dite, c'est un fil formé lui-même de plusieurs parties successives. Le corps de ligne est une ficelle de lin ou de soie écrue, très égale dans toute sa longueur. Elle se termine par une partie appelée *avancée*, la plus rapprochée du poisson, bien entendu, et composée d'une matière aussi transparente, aussi invisible que possible. Elle est composée de crins blancs de jument, tressés ensemble ou tordus, ou de boyau de ver à soie, matière écrue de la soie, que l'on appelle racine ou poil de Florence.

A la suite de la florence ou du crin, vient l'hameçon, qui est attaché par une ligature de soie très soignée et vernie. Au-dessus de l'hameçon, se place le *flotteur*, sur l'*avancée*, et sur l'hameçon l'appât qui termine l'ensemble. Tel est l'ensemble complet de l'outil que l'on modifie de cent manières et qui se plie à tous les besoins du pêcheur.

II

LA CANNE

Les premières cannes à pêche que les hommes ont inventées étaient tout simplement une gaule empruntée à la sapée voisine, et cet instrument, si simple et à la portée de tous, est encore le plus usité dans les campagnes et dans les petits centres de population écartés. Cette construction primitive, qui consiste à dégrossir une simple baguette en la privant de ses nœuds et de ses branches, fournissait une canne lourde si elle était un peu longue, et peu élastique si elle était courte.

Or, le pêcheur ayant tout aussi bien besoin, alors qu'aujourd'hui, d'éloigner très souvent son hameçon du bord, où le poisson voit trop bien et se méfie, le pêcheur s'ingénia, de toutes les façons, à augmenter les deux qualités qui manquaient à sa gaule, la légèreté et la souplesse.

L'esprit humain procédant du simple au composé, le pêcheur pensa à modifier l'instrument qu'il avait en main avant de songer à en créer un autre. Il s'aperçut

que, sèche, cette gaule était plus élastique ; il fit sécher
des gaules au four après le pain retiré ; c'est encore
ainsi que se font les cannes à pêche dans les campagnes.
La différence du poids vert au poids desséché, n'étant
pas très considérable pour une gaule de certaine longueur, le pêcheur dut chercher si, en ajustant les unes
au bout des autres plusieurs gaulettes plus fines, il
n'arriverait pas à un résultat plus satisfaisant. Ce fut la
création du scion, qui constata ce pas fait dans le progrès. On peut dire qu'à ce moment, la canne à pêche
civilisée était inventée ; car, en modifiant seulement le
choix des matières, on arrive à la canne la plus compliquée et la mieux finie que l'on fasse de nos jours.

La question des ligatures a dû avoir sa période d'ap-
prentissage, de progrès et de perfection, jusqu'à ce
qu'enfin cette ligature, toujours fragile et difficile à
faire, fût remplacée par les douilles simples et doubles
qui permirent les cannes à compartiment. Restait la
question de matières ; on a essayé tous les bois possible et l'on s'est vite aperçu que, parmi eux, un très
petit nombre répondait aux qualités que réclame la
vraie canne à pêche. On peut diviser tous les bois employés en deux catégories ; les lourds et les légers.

Les lourds sont : le hicory ou noyer blanc d'Amérique, le noyer, l'orme, le coudrier et le fresne.

Parmi les légers, nous placerons : le sapin creusé, le
bambou, et, tout à côté son diminutif chez nous, la
canne, qui croît dans le midi de la France et en Italie
avec une grande facilité.

Le hicory est très élastique mais très lourd ; il peut

servir à faire la canne, moins le scion : mais son véritable emploi consiste dans la première moitié de la longueur, la plus grosse, celle que le pêcheur tient à la main. Il est en effet très important qu'une canne soit bien équilibrée, car elle se trouve dans la main du pêcheur à l'état d'équilibre instable. On peut la comparer au fléau d'une balance dont la main du pêcheur est le support, fléau à deux bras de longueur inégale et par conséquent dont les poids doivent être inégaux pour que l'équilibre s'établisse.

La partie en avant doit être très légère, son centre de gravité devra toujours être assez loin de la main du pêcheur, mais si celui-ci rend lourde la partie la plus grosse qui est au delà de son poignet vers le coude, il rapprochera le centre de gravité du système entier et pourra arriver à la faire venir dans sa main ; position dans laquelle la canne sera en équilibre, comme le fléau de la balance dont nous parlions tout à l'heure. Ainsi équilibrée, la canne demande le *moins d'efforts possible*, puisqu'il ne faut que celui nécessaire pour vaincre sa *pesanteur*.

Si, au lieu de cela, le pêcheur tient dans sa main un instrument dont le poids est en avant, il lui faut un effort constant, non seulement pour porter la canne, c'est-à-dire vaincre l'effet de la pesanteur, mais un effort plus pénible pour en soutenir élevée la partie antérieure sans cesse sollicitée vers le sol. Cet effort, si petit qu'il paraisse pendant un instant, devient une vraie fatigue, alors qu'il se renouvelle sans relâche pendant un assez longtemps. Si le pêcheur est sédentaire, ce n'est encore qu'un demi-mal, parce qu'il peut faire porter sa canne par une fourchette et son piquet, ou simplement, il peut la poser à terre, si la berge est un peu élevée; mais, qu'il s'agisse de pêcher à la mouche, et alors la question de l'équilibre de la canne prend une importance capitale, en raison de la fatigue que cette pêche un peu prolongée procure, si l'on est armé d'un instrument défectueux.

Ainsi donc, tous les bois durs et compacts, tout en restant élastiques, — le hicory, le fresne, le noyer, — peuvent servir pour la plus grosse moitié de la canne.

L'orme peut être employé de même aux usages ci-dessus, mais il offre l'avantage que ses jeunes pousses fournissent d'excellents scions, quand il est coupé en temps opportun.

Le coudrier n'est pas dans le même cas; les scions fournis par ses jeunes pousses sont mauvais, mais comme il donne, d'un seul jet, des gaules très longues et très droites, sans être pour cela trop lourdes quand elles sont sèches, il a le privilège exclusif de former des cannes toutes faites pour les gens de la campagne.

Dans quelques pays, la rapide végétation de saules de différentes espèces permet d'y choisir de très belles gaules qui ne manquent pas de qualités.

Le sapin s'emploie comme nous le verrons plus loin, mais artificiellement, pour faire d'excellentes cannes, qui réunissent beaucoup d'avantages.

Le bambou, s'il était moins lourd quand il est gros, serait le roi des bois propres aux cannes à pêche. Excel-lent cependant parce qu'il ne fend pas, il sert à faire

la canne tout entière y compris le scion, que l'on produit au moyen de bûchettes de bambou refendues,
polies et ajustées l'une au bout de l'autre.

Il me reste à dire un mot de la canne du midi qui,
sans contredit, serait parfaite sans la trop grande facilité avec laquelle elle fend, et sans sa fragilité capri-
cieuse, souvent inexplicable : car le morceau de ce
chaume énorme le mieux choisi, le mieux arrangé,
cassera tantôt dans un nœud, tantôt dans une partie
vide ; aussi est-ce la matière qui a fait naître le plus de
systèmes différents, tous destinés à remédier à son peu
de solidité, sans diminuer sa flexibilité et sa légèreté si
précieuses.

Constatons enfin que, depuis un siècle, la confection
des cannes s'est énormément améliorée en France, et
que leur forme tend à devenir chaque jour plus solide
et plus fine. L'emploi des moulinets, qui se généralise
chaque jour, mène au perfectionnement de la canne,
qui doit demander plus à l'élasticité qu'à la force, plus
à l'adresse qu'à la brutalité, plus enfin à la patience et
au sang-froid qu'au bouillant emportement.

Autrefois, si on en juge par les méthodes qui nous
en sont restées, on enlevait le poisson d'*autorité*, qu'il
fût gros, qu'il fût petit : il est vrai qu'on ne pensait
guère à ce dernier, la manière dont les lignes étaient
montées s'y opposait absolument. Aujourd'hui l'usage
des montures très fines tend à prévaloir chaque jour,
et le succès couronne ces expériences. Une vérité
méconnue devient de plus en plus démontrée, c'est
qu'on prend très bien le gros poisson, et beaucoup plus

sûrement, avec un très petit hameçon qu'avec un gros, pourvu qu'on emploie les moyens d'action nécessaires et fournis par le moyen des instruments de pêche.

En résumé, une canne à pêche doit se composer de trois morceaux qui sont, en commençant par l'extrémité la plus fine : le *scion*, la *seconde*, nommée aussi *branlette* dans certains endroits, et le *pied de gaule*.

1° *Cannes de campagne pleines.*

Cette canne, toujours un peu lourde, doit avoir pour qualité d'être droite et élastique ; si elle décrit un grand cercle quand on la projette en avant en fouettant, c'est qu'elle plie du pied et ne vaut rien : elle ne doit ployer que de la seconde et du scion, faire siffler l'air lorsqu'elle le frappe, et reprendre aussitôt la ligne droite. Le *pied de cette gaule* sera fait avec l'un des bois suivants, en commençant par les premiers et choisissant celui que l'on trouvera à sa disposition à défaut des autres :

Coudrier, saule, marceau, sapin sans nœuds, frêne, noyer, érable, chêne.

On choisira une pousse bien droite d'un de ces arbustes, ayant 5 mètres à 5m,50 de longueur, que l'on rognera par le petit bout, de façon à lui laisser une longueur de 4 mètres, ou au moins de 3m,50. On la dressera avec soin et on la diminuera, au rabot s'il est besoin, de manière que le plus gros bout, en bas, ait un diamètre de 0m,035 à 0m,040 au plus.

Ce bois doit être coupé avant la fin de janvier, ou au plus tard dans les premiers jours de février, avant que la sève commence à monter, opération qui se fait de bonne heure, surtout pour le coudrier. Cette recommandation s'applique également au choix de tous les bois propres aux secondes et aux scions.

On laissera à la plus petite extrémité de ce pied de gaule un long bec oblique parfaitement dressé, forme que l'on appelle *bec de flûte*. La *seconde* sera faite en *coudrier* : elle aura la même longueur (4 mètres) que le pied et sera choisie plus mince que lui et bien filée. On la trouvera parmi les pousses grises de la lisière du bois ou au bord des ruisseaux. Celles qui sont lisses et rougeâtres sont les meilleures. Elle sera taillée en biseau par ses deux bouts, et le biseau du bas sera aussi allongé que celui du pied, de façon à s'ajuster parfaitement avec lui.

Le *scion*, long et menu, peut être fait d'un brin de *coudrier*, d'*orme*, de *troène*, de *cornouiller*, d'*épine noire*, de lilas; il aura 1ᵐ, 50 de longueur au moins; le bas ou le plus gros bout, taillé en biseau, sera adapté parfaitement au biseau supérieur de la seconde, et choisi de façon que cette partie soit un peu moins grosse que la plus petite extrémité de cette seconde. La même précaution aura dû être prise pour la seconde vis-à-vis du pied de gaule.

La seconde s'attache au pied avec du petit fil de fouet ciré et fortement serré tout le long de la jointure, ce qui forme une ligature solide à bout perdu. Le scion s'ente sur la seconde au moyen de fil fort, également ciré, et attaché de la même manière.

Dans les endroits où l'on peut se procurer du vernis

copal, il est extrêmement avantageux d'enduire de
vernis les deux biseaux avant de les joindre et de les
attacher; de même on vernit toute la ligature, une fois
faite, à une ou deux couches, en laissant bien sécher
chaque fois.

Le vernis noir du commerce est aussi extrêmement
propre à ce travail, parce que l'eau a moins d'action
encore sur lui, mais il est beaucoup plus long à sécher.

A défaut de vernis, on peut enduire chacune des
surfaces de poix de cordonnier en couche mince ; cette
substance produit une grande adhérence et empêche
tout glissement. Elle n'est pas attaquable à l'eau, mais
à la longue, elle se réduit en poussière et perd ses propriétés happantes, surtout quand elle est souvent
mouillée. Après avoir lié sa gaule, le pêcheur doit
l'agiter fortement en l'air : si elle est bien faite, elle
ne doit produire aucun craquement et ne laisser
éprouver aucun tremblement. Il sera bon alors de la
polir, de la vernir et de la bien laisser sécher.

2° Gaule de campagne, creusée.

Il faut choisir une gaule de coudrier, de marceau, de
peuplier, de tremble, de sapin ou de cornouiller, à laquelle on donnera une longueur de 4 mètres au moins
pour former un pied de ligne convenable. Cette gaule
aura, au gros bout, $0^m,08$ à $0^m,10$ de circonférence, et
au petit $0^m,08$ à $0^m,03$. On la rendra parfaitement
unie en enlevant les aspérités des branches et bour-
geons, puis on la fera sécher dans un four encore chaud,
après qu'on aura tiré le pain ; ou en la laissant une

couple de mois dans un lieu sec et aéré ; il est prudent, dans ce cas, de la lier sur une forte pièce de bois déjà sec, de manière qu'elle ne puisse se tourmenter et se gauchir. Cette gaule perdra ainsi environ la moitié du poids qu'elle avait étant verte.

L'opération du perçage se fait au moyen d'un gros fil de fer qu'on appointit et qu'on fait rougir au feu.

On attache la canne dans un établi de menuisier, ou si l'on n'en a pas, sur une table, sur une forte planche ou pièce de bois, et l'on commence le forage. C'est une opération qui demande du temps, de l'adresse et de la patience. Quand un premier trou parcourt la canne dans toute sa longueur, on prend un fil de fer plus gros, et, toujours par le même moyen, on agrandit le trou du côté de la poignée, de façon que le creux aille comme la canne, en diminuant d'un bout à l'autre.

Lorsque le perçage est terminé, on la met pendant deux ou trois jours à tremper dans l'eau, puis on l'expose à la fumée, dans une cheminée, jusqu'à ce qu'elle soit parfaitement sèche. A la campagne, cette opération est très facile. Pendant ce temps, on a fait subir les mêmes préparations, sauf le perçage, à des scions choisis de différents bois : *coudrier*, *orme*, *épine noire*, *troêne*, *lilas*, etc.; on en choisit un bien droit, de la longueur que l'on désire, et on le diminue par le gros bout, de manière qu'il entre dans le trou creusé à l'extrémité fine du pied de gaule. En général, ce scion a $1^m,50$ à 2^m, et il est d'une grosseur telle que, quand on veut démonter sa canne, il peut, en commençant par sa pointe, entrer dans le trou creusé au bas de la gaule, et s'y renfermer parfaitement, ce qui rend l'instrument plus portatif et garantit en même temps le scion des accidents qu'il pourrait encourir au milieu des arbres, des branches et des herbes, etc.

3° *Canne en sapin, pleine.* —

On coupe, dans une planche de sapin neuf, à fil serré, droit, et interrompu par aucun nœud, une laize égale à l'épaisseur de la planche. On obtient ainsi une tringle de 4 mètres de long, ayant $0^m,035$ de côté, que l'on dresse à la varlope, et que l'on met à huit pans en abattant les angles. On diminue alors sa grosseur au moyen du même instrument, et avec précaution, à partir de $1^m,30$ du bas, jusqu'à la plus petite extrémité, qui conserve un diamètre de $0^m,010$ à $0^m,015$. A partir de $2^m,60$, on arrondit tout à fait la tringle, en abattant les angles, on la polit au verre, au grattoir et à la peau de chien marin.

On pratique alors au bout, soit une entaille longue, à la scie, pour recevoir le scion, soit un biseau comme plus haut, et on y fixe un scion de 2 mètres au moyen d'une solide ligature de fil de fouet poissé et verni comme nous l'avons indiqué.

Si l'on a un ouvrier à proximité, une virole en fer blanc, ou mieux encore en cuivre, sera préférable pour garnir l'extrémité du pied de gaule et recevoir le scion auquel, dans ce cas, il faut pratiquer l'opération du double épaulement.

4° *Canne en sapin creusé.*

Toutes les fois que le pêcheur ne craint pas de se

servir d'une canne qui ne se démonte pas, et qu'il peut, en rentrant chez lui, remiser cette longue gaule sur le mur d'un corridor, sans inconvénient, rien ne vaudra jamais, pour lui, la canne que nous allons décrire; elle est facile à faire, peu coûteuse, légère, solide et élastique. On choisit, comme pour celle ci-dessus, une planche de sapin du Nord, à grain fin et sans aucun nœud, d'une longueur de 4 mètres au moins; on y scie une tringle de l'épaisseur de la planche, qui doit avoir $0^m,55$. Ceci fait, on marque au trusquin ou à la règle, une ligne qui partage cette tringle par la moitié de son épaisseur, sur deux faces opposées, puis au moyen d'un rabot rond ou d'un bouvet, on creuse un sillon au milieu de chaque face non divisée.

Ce sillon doit être augmenté de plus en plus en prenant des fers d'un numéro plus fort, de façon qu'à l'une des extrémités il n'ait pas plus de $0^m,01$ de diamètre, à l'autre bout de $0^m,04$. Ceci fait, on scie la tringle suivant les lignes marquées, on retourne les deux moitiés creusées l'une vers l'autre et l'on colle fortement à la colle forte. On rabote en rond, de manière à suivre la décroissance du creux, en laissant au gros bout : $0^m,006$ à $0^m,007$ de bois, et au petit : $0^m,004$ à $0^m,005$.

On polit au verre ou au grattoir, on unit au papier de verre, puis on fait, à $0^m,50$ l'une de l'autre, de fortes ligatures en fil de fouet bien ciré; on peint alors toute la canne à l'huile, et on laisse bien sécher; on vernit ensuite.

Il ne reste plus qu'à garnir le gros bout ou le pied

d'une lance, et l'extrémité fine d'une virole ou d'une ligature. La première vaut mieux pour recevoir un bon scion d'orme ou de coudrier de 2ᵐ,50 à 3 mètres.

5° *Canne en huit morceaux.*

Le pied de gaule se fait en deux morceaux de planches creusées, collées et ligaturées par un procédé semblable au n° 4 ci-dessus; on peut le faire en *chêne*, en *noyer*, en *acajou*, etc. Si l'on ne veut pas creuser et coller, on peut se servir d'un gros morceau de bambou.

Ce pied de gaule aura 0ᵐ,65 de long et sera creusé de 0ᵐ,025 de diamètre de vide au petit bout, pour recevoir le deuxième morceau. Cette extrémité sera, de même que la plus grosse, garnie d'une forte virole en cuivre, au gros bout l'on ajustera une lance ou picot.

Pied de gaule.	Bois divers.	Longueur 0ᵐ,65		
2ᵉ morceau.	Roseau.	— 1		
3ᵉ —	Id.	— 0	25	
4ᵉ —	Id.	— 1		
5ᵉ —	Id.	— 0	15	5ᵐ,00
6ᵉ —	Id.	— 0	65	
7ᵉ morceau (scion), épine noire,		— 0	80	
8ᵉ morceau (scion), orme ou bambou fendu		0	50	

Chacun de ces morceaux est garni de sa virole et doit être calculé comme grosseur, de manière à entrer dans la cavité naturelle du roseau qui le précède. Chaque entre-nœud reçoit une ligature.

Le moindre inconvénient de cette canne est d'être lourde, parce que les huit viroles pèsent, les ligatures pèsent, le pied de la gaule plombée pèse; enfin, elle

semble d'autant plus pesante, que les petits morceaux
placés au milieu y accu-
mulent les viroles, et ne
ployant pas, parce qu'ils
sont trop courts, main-
tiennent une raideur qui
rend la canne moins ma-
niable. De plus, si l'on
s'en sert pour le jet de la
mouche, il est presque
impossible d'empêcher
les morceaux de sortir
les uns des autres; ce
qui tient à ce que les
uns plient, tandis que
les autres ne plient pas.

Quant à l'idée d'inter-
caler les petits morceaux
pour maintenir la rai-
deur, elle est excellente ;
malheureusement, à la
pratique, elle offre de
sérieux désavantages
comme solidité. Pour
que ce genre de canne
soit solide, il est in-
dispensable d'établir
chaque morceau à épaul-

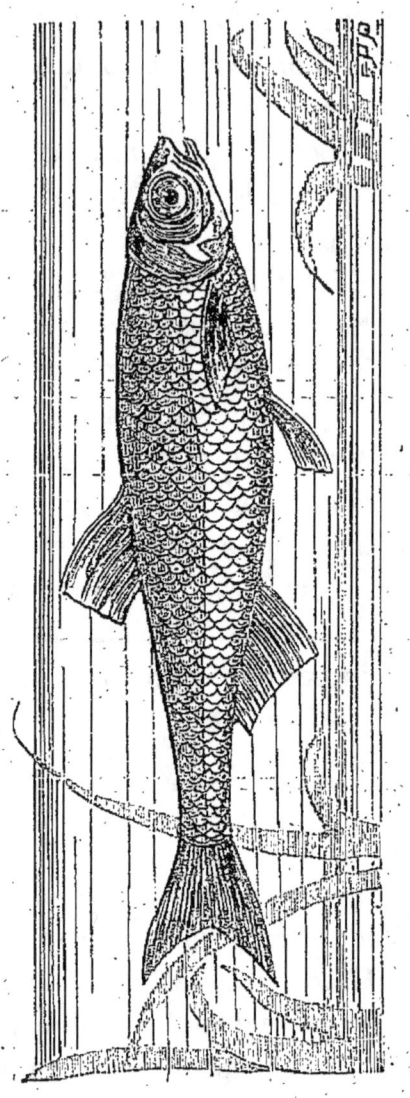

L'Ablette.

lement, et alors le poids de chaque goujon de bois
s'ajoute encore à celui de la canne, et celle-ci devient

2

insoutenable, à moins que l'on ne s'en serve seulement
pour la pêche sédentaire. Mais, dans ce cas, une canne
aussi compliquée est parfaitement inutile; une simple
gaule n° 4 est beaucoup supérieure.

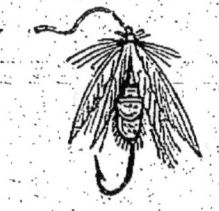 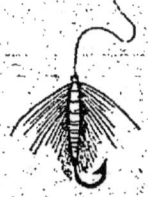

III

LES APPATS OU AMORCES

Les amorces sont des appâts que l'on jette dans l'eau pour attirer le poisson à *l'endroit où l'on veut pêcher*, à la différence des esches qui sont des appâts également, mais *attachés à l'hameçon*.

Le secret de la réussite des pêcheurs qui font de belles captures dans la localité qu'ils habitent, se compose de deux choses : 1° une parfaite connaissance de la rivière, et 2° la précaution d'amorcer à intervalles égaux les mêmes places choisies et connues d'eux seuls.

En variant les amorces suivant les endroits qu'affectionnent les poissons, on peut arriver à les réunir. Les fèves, le blé cuit rassembleront en un seul endroit les carpes, tanches, gardons de fond, brêmes, tous poissons qui habitent ensemble et qui fréquentent les mêmes fonds vaseux.

Il est donc vrai de dire que l'amorce est le moyen par excellence et le secret du grand pêcheur. C'est surtout

le secret de ceux qui en font leur profession et qui souvent ne reculent devant aucune préparation peu ragoû-
tante pour rendre certain le succès du lendemain, succès du reste légitime, puisqu'il assure leur existence,
mais que le pêcheur amateur n'oserait pas poursuivre
au prix des mêmes sacrifices de délicatesse. S'il l'ose,
tant mieux pour lui ; ce sera le cas de lui dire : Hon-
neur au courage récompensé !

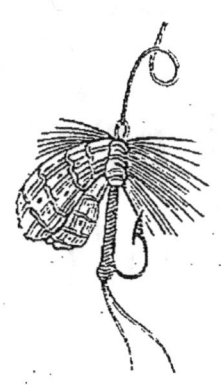

Tableau des meilleures amorces.

COMPOSITION DES AMORCES.	POISSONS QUI Y MORDENT.	HEURES.	OBSERVATIONS.
I. Prenez 85 grammes de vieux fromage de Hollande ou de Gruyère, broyez le tout dans un mortier avec de la lie d'huile d'olive, et mêlez-y du vin, peu à peu, jusqu'à ce que votre composition ait acquis la consistance d'une pâte un peu épaisse, et vous y ajouterez un peu d'eau de roses. Faites avec cette pâte des petites boulettes de la grosseur d'un pois, tout au plus.	Tout poisson d'eau douce.	Plusieurs heures avant la pêche.	Les poissons, très avides de cette amorce, restent longtemps à rôder autour de l'endroit où ils en ont rencontré.
II. En Angleterre, on amorce dans la Tamise avec du pain de creton bouilli et coupé.	Tous les poissons surtout le barbillon.	En pêchant.	Id.
III. Laissez tremper 6 litres de fèves une nuit dans l'eau; faites cuire alors à demi, avec 250 grammes de miel et 1 décigramme de musc. Retirez du feu pour pétrir et en faire des boulettes.	Carpes.	Le soir pour le lendemain au *point du jour*.	Id.

COMPOSITION DES AMORCES.	POISSONS QUI Y MORDENT.	HEURES.	OBSERVATIONS.
IV. Mélangez : mie de pain, crottin de cheval, chénevis et sang caillé.	Tout poisson blanc.	Toute la journée.	
V. Faites durcir au soleil ou au four des œufs de poisson, gardez-les dans des pots entre des lits de laine et de sel, et coupez par morceaux pour la pêche.	Tout poisson de surface et poissons blancs.		S'emploie en petits morceaux comme esche à l'hameçon.
VI. Faites jeter un ou deux bouillons à de l'orge ou de l'avoine germée et grossièrement moulue. Passez dans un linge et laissez refroidir.	Brèmes.	Mettre à l'eau vers la nuit le bouillon de cuisson, surtout si l'eau est dormante.	Cette orge porte le nom de *malt* et sert à faire la bière.
VII. Faites cuire du gros blé, dit *poulard*, avec de la cannelle ou du serpolet.	Gardons, Brèmes, Carpes, Barbillons.		
VIII. Recette de Florent (ramenée aux mesures décimales. Croton cascarilla ou résidu de marne ordinaire, 30 grammes. (Ou remplacez ceci par le n° XIV			

et ajoutez) :
Écorce d'encens, 30 grammes,
Myrrhe, 30 grammes,
Bol d'Arménie commun ou argile
ocreuse rouge, 30 grammes,
Farine d'orge détrempée dans le vin,
8 litres,
Foie de porc rôti, 100 grammes,
Ail, 100 grammes.
Pilez chaque chose à part et mêlez
à du sablon menu.

	Tous les poissons d'eau douce.	Mettre à l'eau une heure ou deux avant de pêcher.	
IX. Prenez et pétrissez ensemble : Mie de pain, Miel, Assa-fœtida, et faites en des boulettes.	Gardons, Chevesnes.	Pendant la pêche.	Se met à l'hameçon.
X. Faites cuire ensemble : Froment : 500 grammes, Orge : 500 grammes, Chénevis : 125 grammes. Ajoutez-y : Sel de cuisine : une poignée, surtout en été, de peur que le blé ne devienne aigre.	Tous les poissons herbivores de fond.	Jeter des poignées le soir pour le matin, ou pendant la pêche, toutes les demi-heures en amont du coup.	Certains auteurs veulent au contraire que le blé soit fermenté et aigri; mais nous devons déclarer que jamais ce système ne nous a réussi. Les appâts végétaux doivent toujours être frais.
XI. Faites bouillir du blé; quand il est bien attendri, fricassez-le sur le feu avec du miel et un peu de safran délayé dans du lait.	Idem.	Idem.	

IV

HABILLEMENT ET ÉQUIPEMENT DU PÊCHEUR

Sans qu'on soit tenu à s'affubler d'un vêtement spécial, la première condition à laquelle se soumettra le
pêcheur est, autant que possible, de se munir d'un
vêtement large et commode : la liberté de ses mouvements en dépend, et surtout pour manier la ligne à la
mouche, la condition d'aisance qui doit en découler
est indispensable. Le maniement de cette ligne exige
une véritable gymnastique qui est telle, que l'aisance
des mouvements chez le pêcheur est nécessaire pour
qu'il puisse se plier, lors du maniement de son engin,
à toutes les conditions de terrain et d'obstacle qui
peuvent surgir dans la pratique.

Il sera bon autant que possible de se vêtir de coutil :
cette étoffe très lisse est une de celles où s'agrippent
le moins les hameçons, et par conséquent celle qui
offre le moins d'accidents possible au pêcheur. La pièce
principale de l'équipement chez l'amateur sera surtout
un sac analogue à celui du chasseur, et ce sac ou car-

nassière munie de filet recouvert d'une feuille de cuir, permettra de contenir dans ses nombreuses poches toutes les provisions et outils nécessaires.

On peut dire que c'est surtout par le soin méticuleux et l'ordre dans lesquels le pêcheur maintient tous ses objets que l'on juge du soin et de l'habileté dont il sait faire preuve.

La pêche, il faut l'avouer, est tout entière un art d'adresse et une manifestation continue des plus méticuleuses précautions. Souhaitons donc au pêcheur qu'il apprenne à faire preuve de ses soins continus, sans lesquels son sac se remplit d'un gâchis indéchiffrable. Qu'il nous croie avec toute bienveillance : le succès est à ce prix !

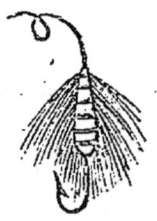

V

LA SONDE. — L'ANNEAU A DÉCROCHER. — LE PANIER. — L'ÉPUISETTE

Sonde. — L'opération du sondage est une de celles que le pêcheur à la ligne de fond doit faire avec le plus de soin. Pour reconnaître les rivières où il arrive, — quand il doit y pêcher pendant un certain temps, — il exécute des sondages pour établir son *Carnet de reconnaissance*. Mais la première chose à faire en arrivant sur le lieu de la pêche de fond ou au coup, c'est de s'assurer de la profondeur de l'eau et de la nature du fond.

On prend, pour sonder un petit plomb conique ou formé en pyramide quadrangulaire tronquée. Ce petit plomb porte, en-dessous, une entaille remplie d'un morceau de liège taillé à queue d'hirondelle, pour qu'il ne puisse pas sortir de sa logette. A l'extrémité supérieure de la pyramide est fixé un petit anneau en fil de laiton. Le pêcheur passe son hameçon dans l'anneau et enfonce la pointe en-dessous du liège, de manière que la sonde se tienne verticalement, et que la base arrive la première au fond de l'eau.

On descend — ou l'on remonte — la flotte suivant l'endroit de la ligne où s'arrête le niveau de l'eau, et, en sondant à plusieurs endroits sur la longueur du coup, on prend une moyenne suivant l'endroit où l'on veut que parvienne l'hameçon ; car pour chaque genre de pêche, pour chaque espèce de poisson, cette longueur varie. Ainsi, pour pêcher le gardon, on fera descendre l'hameçon à 10 centimètres du fond environ. Pour la carpe, on le fera traîner de 30 centimètres, etc., etc. Aussi le pêcheur juge-t-il, par la force du courant, la profondeur et la qualité du fond, quelles sont les espèces de poissons qui doivent habiter l'endroit sondé et par conséquent le genre de pêche qu'il faut adopter pour les prendre.

Il faut, quelle que soit la pêche que l'on veut faire, éviter de faire jaillir l'eau en y plongeant la sonde, le silence étant à la pêche une des meilleures conditions en faveur du pêcheur.

Si en promenant la sonde sur le coup que l'on a choisi pour pêcher de fond, on acquiert la certitude que la hauteur de l'eau n'est pas à peu près la même partout, il faut abandonner l'endroit parce qu'on se place dans une mauvaise condition. Le pêcheur soigneux a bien assez de chances contraires pour ne pas s'assurer *toutes* celles dont il est maître et se les rendre favorables à coup sûr.

Le sondage doit être exécuté dans tous les cas où l'hameçon entre dans l'eau, car, sans cette opération

rien n'indique qu'au premier coup la ligne ne sera pas
accrochée dans les herbes ou autres obstacles. Il faut
donc prendre l'habitude de toujours commencer par là.

Anneau à décrocher. — Ce petit instrument, qui
fait partie du bagage du pêcheur, est un des plus utiles
pour la pêche à la ligne de fond, parce qu'il sert
à décrocher les racines dans lesquelles elle se prend
fréquemment, et à dégager l'hameçon des pierres
sous lesquelles il est souvent, trop souvent engagé.
Cet anneau est d'autant plus utile que nous recom-
manderons sans cesse aux pêcheurs vraiment dignes de
ce nom, de se servir d'hameçons très petits et très
acérés; or, ces petits hameçons, quoique montés sur des
empiles fortes et bien choisies, ne peuvent être attachés à un câble. Il est donc certain que dans un accident semblable, si l'on tire brusquement avec la canne,
on cassera le scion ; si l'on tire sur la ligne, on cassera
l'empile et souvent la ligne elle-même, qui se trouve
ainsi perdue, avec flotte, plombée, etc.

D'un autre côté, cet anneau lourd et muni de
piquants est difficile à loger dans sa poche ou dans son
sac ; et puis, c'est un outil de plus, et le pêcheur en
porte déjà tant !

Ce que ces objections prouvent, c'est qu'il y a un
choix à faire. Si l'on va pêcher spécialement de fond,
dans une rivière inconnue, qu'on le prenne, si l'on
pêche de surface ou à la ligne flottante, qu'on le laisse
au logis, quitte à briser sa ligne si un accident arrive !

Cet anneau est fait en cuivre ou en fer, et pèse de

250 à 300 grammes au plus ; il est muni de pointes recourbées. Quand on pêche à la canne ordinaire, sans moulinet, on peut choisir un anneau ordinaire sans charnières, on passe dedans le gros bout de la canne, on dévide la forte ficelle qui tient à l'anneau, on laisse couler celui-ci le long de la ligne tendue par l'obstacle, et, en tirant sur la ficelle, on ramène souvent la racine et l'hameçon dedans, ou bien l'on détourne la pierre, et la ligne redevient libre et prête à recommencer.

Mais avec une canne à moulinet, — et c'est celle que nous recommandons toujours, même pour aller pêcher le goujon, — il faut que la queue de l'anneau soit double. L'anneau s'ouvre par une charnière ; pour l'ouvrir, il faut détacher la corde qui servira à tirer dessus ; on referme alors l'anneau au-dessus du moulinet ; on repasse la corde dans les œillets correspondants des deux queues ; on la noue, on décroche la ligne, et on sort enfin l'anneau par l'hameçon, sans l'ouvrir de nouveau.

Le diamètre de cet anneau est de $0^m,07$ à $0^m,08$.

Panier de pêche. — La forme du panier de pêche est trop connue pour avoir besoin d'en faire ici la description ; il s'attache soit à la ceinture, soit en bandoulière et le poisson se dispose dedans, par lits séparés par de l'herbe fraîche.

Epuisette. — C'est une petite poche en filet d'environ 40 centimètres d'ouverture, maintenu par un cercle en fort fil de fer, et d'un peu plus de profondeur. Une douille en cuivre fixée au cercle sert à y fixer un roseau de 1^m,50 à 2 mètres de longueur; elle sert à enlever le poisson de l'eau lorsqu'il est à portée et fait disparaître dans ce cas les chances de bris de ligne.

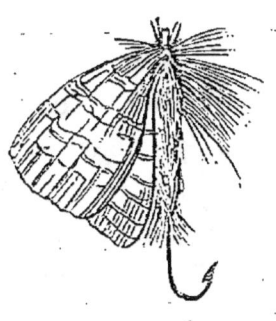

VI

L'ABLETTE. — LE VÉRON. — L'EPINOCHE

Ablette. — Longueur maximum : 0^m,35 ; hauteur : 0,03.

Ce petit cyprin a le corps étroit, un peu aplati et allongé, argenté et brillant : de même courbure en dessus qu'en dessous ; par conséquent, le dos un peu arrondi en arc, vert bleuâtre, côtés, flancs et ventre blanc argenté, sans reflets colorés. La tête est allongée, pointue, la mâchoire inférieure plus longue que la supérieure, et un peu relevée du bout, yeux grands et brillants, à prunelle noire, nageoires pâles, généralement teintes de rouge à l'endroit où elles s'attachent au corps.

La pêche de l'ablette à l'hameçon est une des plus faciles. C'est celle à laquelle s'exercent les gamins, aux bords de toutes les rivières et de tous les ruisseaux, car le petit poisson qui nous occupe est extrêmement répandu dans les eaux douces de la France.

On peut dire de l'ablette qu'elle est la gourmandise

faite poisson. Elle mord à tout ce qu'elle peut avaler et même attaque et tourmente des amorces aussi grosses qu'elle, mais dont elle espère détacher quelques bribes à son profit.

Par un temps sec, en été, on prend l'ablette avec l'asticot, entre deux eaux ; avec la mouche naturelle ou les mouches artificielles de surface. Il faut même déployer un soin continuel quand on pêche à la surprise les chevesnes, dards et gardons, pour garantir sa mouche naturelle des attaques de ce petit rapace acharné et endiablé. Les ablettes sautent à 1 décimètre hors de l'eau, pour saisir au vol la mouche friande que vous laissez imprudemment approcher d'elle, et, ce qui est vraiment curieux comme miracle d'adresse, c'est qu'elles ne la manquent pas et se manquent toujours.

L'ablette est donc un des poissons les plus vifs, les plus lestes et les plus adroits à dépouiller un hameçon sans y rester accroché. Aussi peut-on, avec vérité, certifier aux apprentis dans le noble art de la pêche que, lorsqu'ils sauront bien piquer une ablette à la mouche, ils auront dix fois plus de facilités à prendre un poisson vingt fois plus gros, mais dont le *ferrer* est moins rapide, et l'attaque moins fugitive. En effet, l'ablette s'est élancée, a dévoré l'insecte et a fui au loin, avant que votre main ait pu transmettre au scion le mouvement qui doit enfoncer le dard dans les chairs de la gourmande petite bête.

Dans certains grands fleuves où l'ablette pullule, on la prend en quantités énormes, au moyen de la pêche à fouetter.

Il est d'ailleurs assez difficile d'indiquer les lieux qu'affectionne l'ablette, elle se tient partout : en été, à la surface de l'eau, où elle chasse sans cesse ; en hiver, au fond, parmi les roseaux et dans les sources d'eau vive, qui restent plus chaudes que la masse de la rivière. Au premier rayon de soleil, vous le voyez remonter à sa surface et commencer sa chasse.

On doit cependant remarquer que ce petit *cyprin* se tient de préférence dans les endroits où un courant rapide et l'eau qui se renouvelle, peuvent lui apporter les parcelles animales et végétales qu'elle recherche pour sa nourriture. Près des moulins, on la trouvera au-dessous des déversoirs, dans les filets d'eau que les vannes ou les pierres de l'écluse laissent passer. Au-dessus des moulins, elle se tiendra en foule dans le fil de l'eau

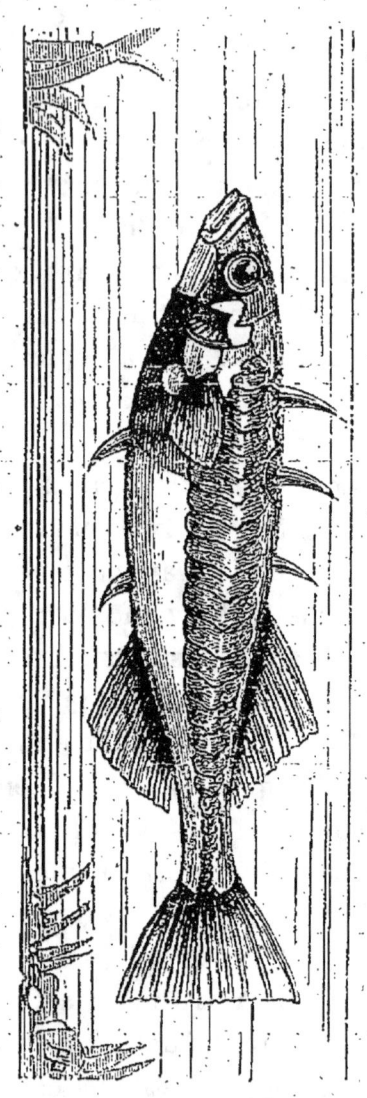

L'Épinoche.

qui marche à *la herse*, la tête ordinairement tournée vers le courant, qu'elle remonte doucement et constamment en s'aidant d'un petit mouvement ondulatoire de la queue. Si quelque part on lave des peaux, de la laine, etc., les ablettes y viendront en foule pressée, et alors on verra apparaître les géants de l'espèce, qui représentent de très jolis poissons, *presque de la taille du hareng.*

C'est surtout dans la variété, dite alburnoïde, à dos presque horizontal, que l'on rencontre de beaux individus, véritablement susceptibles d'être mis en friture et d'offrir aux dents autre chose qu'une petite masse d'arêtes et de chair filandreuse. Aussi, ces grosses ablettes, appelées *libournaises* dans le midi, sont-elles fort recherchées, et c'est avec raison.

L'ablette sert elle-même d'appât pour le brochet et la perche, mais seulement à défaut d'autres poissons plus vivaces, tels que : le gardon, la petite carpe, le petit dard, le goujon, la loche, etc., qui tous vivent beaucoup plus longtemps qu'elle attachés à l'hameçon, et surtout se transportent plus loin dans le bidon ou seau approprié à la pêche au vif.

Il faut se servir, pour pêcher à l'ablette, de très petits hameçons nº 16 à 20, montés sur un simple crin de cheval. La flotte peut être *comparativement* grosse ; parce que le toucher de ce poisson est brutal quoique d'une extrême rapidité, et cependant, il est préférable de se servir d'une simple plume, qui indique l'attaque d'une manière plus rapide et plus sûre. En mettant trois ou quatre hameçons à la même ligne, on prend souvent plusieurs ablettes d'un seul coup ; dans ce cas, il n'est pas rare que la flotte soit *relevée* hors de l'eau, parce que ces poissons, au lieu de s'enfoncer quand ils ont pris l'esche, jouent avec elle et remontent à la surface de l'eau.

On les prend aussi, sans flotte, avec un hameçon n° 16, monté sur un crin de cheval. On amorce avec une mouche ordinaire *(musca domestica)*, dont elles sont très friandes, et on laisse aller la mouche entre deux eaux. Le toucher est si intense que l'ablette entraîne la ligne. En ferrant légèrement de côté, on rapporte, à tout coup, un de ces petits poissons.

Véron. — Longueur maximum : 0^m,09.

Couleurs très nuancées, tête vert bouteille, dos noir ou bleu, presque toujours des bandes transversales bleues, jaunes ou vertes, les mâchoires bordées de rouge, l'iris couleur d'or. C'est, en somme, un charmant poisson quand il a été pris dans les eaux qui lui donnent toute sa parure, car souvent il porte une livrée beaucoup plus terne et plus uniforme.

Ce poisson meurt très vite hors de l'eau, il aime les eaux pures et les endroits non fréquentés par d'autres poissons, aussi le rencontre-t-on en grande abondance, mais presque seul dans les remous ou les endroits qu'il affectionne. La chair est blanche, tendre, salubre et de très bon goût. La perche et le brochet se prennent parfaitement à cet appât qu'ils préfèrent.

Le véron se pêche dans toutes les saisons au petit ver rouge, mais surtout au commencement de l'été.

Il est peu de cours d'eau si petits qu'ils soient, ruisseaux, canaux, fossés, saignées, qui ne le contiennent en compagnie quelquefois des épinoches, chabots, loches, franches, etc.. Dans les rivières plus considérables, il existe aussi et se montre quelquefois en quantité considérable ; mais comme sa taille est minime et ses moyens de défense nuls, il ne se sauve que par son habitude de se cantonner le long des bords auprès des herbes, dans les *boïres* ou bras-mort, à portée des barrages, etc., en un mot dans tous les endroits où le peu de profondeur de l'eau ferme accès à ses plus dangereux ennemis. Dès septembre, il se retire aussi dans ses forts, et se blottit dans la vase. Malheureusement il n'est point même en ces lieux à l'abri de la perche, qui n'attend pas une forte taille pour le poursuivre, l'atteindre et en faire sa principale nourriture.

S'il arrive que le fleuve soit grossi par une crue subite, les vérons sont emportés dans le grand courant, hors de leur demeure habituelle, c'est surtout alors que les carnassiers les déciment, quoique le véron, tout petit et tout léger qu'il est, sache lutter courageusement contre un fort courant.

Dans les rivières habitées par la *truite*, nul poisson au-dessus du véron ne peut lui être offert avec avantage ; aussi l'homme le poursuit-il surtout en vue de s'en servir comme *amorce vivante*. Les anglais estiment que la proportion du véron à la truite dans les mêmes eaux est comme mille est à un. Il est aussi bon pour *l'anguille*, et nous avons dit plus haut que le brochet l'aimait autant que le goujon.

Il faut une grande somme de patience pour pêcher
à la ligne le nombre d'amorces nécessaire ; aussi
ai-je souvent cherché à simplifier et accélérer cette
besogne fastidieuse. J'y suis parvenu en inventant le
filet à *amorces* qui me ramenait souvent de vingt à
quarante vérons à la fois. On y parvient encore facilement en tendant des *bouteilles* dans les endroits grave-
leux et peu profonds des rivières fréquentées par ces
petits poissons.

Quel que soit le moyen que l'on emploie, on peut
garder les vérons très longtemps dans un baquet ou
tonneau rempli d'eau fraîche souvent renouvelée. En
liberté, il se nourrit d'insectes, de vers, de conserves
et de débris de toutes sortes : il est très avide et toujours en quête de sa nourriture, nageant par bandes et
vivant par troupes. On ne les rencontre jamais isolés.
Quoique incapables d'avaler un poisson vivant de quelque taille qu'il soit, puisqu'ils sont toujours les plus
petits de tous, les vérons rongent et déchiquettent très
bien un poisson mort. Yarrell les a vus ainsi au nombre d'une douzaine, rangés circulairement autour d'un
de leurs camarades morts qu'ils étaient en train de faire
disparaître. Si l'on attache un morceau de pain ou un
fragment de ver à un caillou qui le fera descendre
au fond, dans un endroit habité par ces petits voraces,
on en verra s'attacher à la proie autant que sa surface
pourra en contenir, tête près de tête, et les queues
divergentes comme les pétales d'une fleur.

Quoique le véron soit de taille trop exiguë pour cons-
tituer un article sérieux de nourriture, ce serait une

grande erreur que de le dédaigner. Sa chair vaut
celle du goujon, en friture, il n'est pas déplacé près
de la loche, mais il ne faut pas pour cet usage essayer
de le prendre à la ligne, on a raison d'employer là les
moyens plus expéditifs que nous avons indiqués plus
haut et qui réussissent d'autant mieux qu'aucun poisson
n'est moins farouche et se trouble si peu de la présence
de l'homme.

Épinoche. — On ne fait pas de pêche particulière
de ce petit poisson, on en prend en pêchant les ables
et les éperlans de Seine, et on les rejette, à moins
qu'on ne veuille s'en servir comme appât en lui cou-
pant les aiguillons, mais il est encore une esche très
médiocre, les poissons voraces se méfient de lui.

Cet animal est du nombre de ceux dont l'utilité
n'est pas encore démontrée, dont l'existence est sans
applications aux besoins de l'homme, et que, par conséquent, celui-ci est porté à regarder comme inutiles.
Il est probable cependant, il est certain même que,
créé en si grand nombre par la prévoyante nature,
doué d'un appétit vorace, il est destiné à être un
des grands nettoyeurs des rivières. Quand même sa
fécondité serait plus limitée qu'elle ne l'est, son armure
et sa vivacité suffiraient à le sauver des ennemis qui
l'anéantiraient, il est constamment en quête, fouillant
le sable de son museau pointu, guettant un débris à la
surface de l'eau ; il est partout, en haut, en bas à la
fois, toujours là, affairé, passant partout et mangeant
toujours.

Racker dit avoir vu une épinoche dévorer en cinq heures, soixante-quatorze vandoises naissantes, longues de 0^m,04. Cette observation suffit à faire juger de la voracité de ces dévastateurs ? Quel poisson peut frayer dans un milieu peuplé d'épinoches ? Aucun.

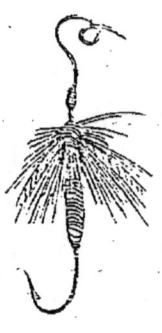

VII

LE GARDON

Quoique ce nom soit celui sous lequel ce poisson est connu dans presque toute la France, nous avons préféré reporter son histoire à ses noms scientifique avec lesquels le nom vulgaire n'a rien de commun.

Sous le désignation générale de *gardon*, on comprend, en effet, deux poissons différents : le *gardon de fond,* dit aussi *gardon blanc* et *gardon carpé,* car il ressemble beaucoup à la carpe, sauf moins d'épaisseur et une forme plus brillante et moins massive, c'est l'*able rosse* ou *rosse.* Il y a ensuite le *gardon rouge,* c'est l'*able rotengle* ou *rotengle.*

Les mœurs, les formes de ces deux espèces sont presque identiques, et il faut non seulement la couleur, mais des différences d'organisation intérieure assez faibles, jointes à une comparaison méticuleuse pour que les classificateurs aient pu en faire deux espèces distinctes. Pour le pêcheur, ce sont des gardons *blancs*

ou *rouges*; ils sont également faciles ou également difficiles à prendre, suivant les temps.

Ainsi le rotengle se prend mieux à la mouche naturelle que le gardon blanc ou rosse, et cependant il faut
que le temps y soit ; mais alors il est aussi avide de cet
appât que le chevesne, le dard, et l'ablette.

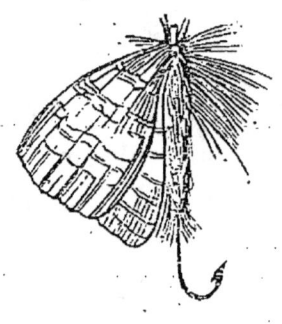

VIII.

LA BRÈME

Longueur maximum : 0^m, 40 à 0^m, 50 ; hauteur : 0^m, 12.

Corps très large et très plat, dos arqué, caréné en avant, noirâtre ou noir bleuâtre ; côtés et ventre d'un blanc jaunâtre. La ligne du dos et celle du ventre forment un cran auprès de la dorsale et de l'anale.

La brème se pêche aux mêmes lieux que la carpe dont elle partage les goûts et les habitudes. Ce poisson se réunit en troupes commandées par un chef auquel on donne le nom de *roi des brèmes*.

Rien de plus gracieux que de voir les évolutions de ce bataillon d'un nouveau genre, entre deux eaux, dans un endroit profond et tranquille, par un beau soleil d'été. La lumière joue sur leurs écailles, et les brèmes, se promenant lentement autour des touffes d'herbe, ne daignent pas toucher à l'appât que leur tend le pêcheur. Il faut choisir un autre moment, ou attendre que l'eau, moins claire, les empêche de voir l'embûche.

Elles mordent alors de confiance, en faisant danser la flotte sur l'eau d'une manière caractéristique et unique. Ce poisson se prend facilement au ver rouge sur les berges herbeuses couvertes par les crues momentanées.

Elles se nourrissent de vers et autres animaux à corps mou, en même temps que de substances végétales.

La pêche en est très intéressante, et, en appâtant soigneusement le fond, on peut en rassembler un grand nombre au même endroit. La brême est un des meilleurs appâts vifs pour le brochet et les autres poissons carnassiers.

Une bonne place pour la pêche de ce poisson doit être amorcée avec des grains de brasseur mêlés de pomme de terre, pétris en forme de boule, et régulièrement jetés sur le coup depuis dix ou quinze jours. Aussi fait-on des captures énormes sur les endroits ainsi amorcés.

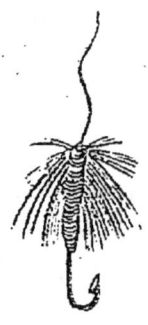

IX

LA VANDOISE

Longueur maximum : 0^m, 25 ; hauteur : 0^m, 08.

Ce poisson est extrêmement commun dans les rivières et fleuves à fonds sableux et à eau courante ; sa
taille et ses mœurs en font comme une transition entre
l'ablette et le chevesne, participant à la vivacité de
l'une et à la voracité, mêlée de défiance, de l'autre.
Aussi sa pêche demande-t-elle à la fois adresse et
attention.

« La vandoise se prend, le matin surtout, par 1^m, 20
à 1^m, 60 de fond, dans l'eau légèrement courante, et
très bien dans les eaux vives et tournantes, auprès de
la chute des moulins. On emploie le sang caillé, le
porte-bois. On amorce avec des boulettes de terre grasse,
mêlée de bouse de vache, ou avec la terre qui se trouve
sous les excréments, quand ceux-ci sont desséchés. La
vandoise se prend aussi très bien à l'orge bouillie.

« Piquer promptement et vivement, employer le
bouchon, bas de ligne et hameçon, dont on se sert

pour la pêche au mulet. Quand on pêche dans l'eau courante, la ligne doit être plus longue que la baguette, afin qu'elle puisse parcourir plus de chemin avant d'être ramenée en amont. Cet excédent de longueur varie de 1ᵐ, à 1ᵐ, 50. (R. *de Savigny, m.-s.)*»

A ces renseignements inédits, que nous devons à un pêcheur émérite, nous ajoutons que la vandoise est surtout le poisson que l'on prend aux endroits où on lave les laines ; qu'elle mord admirablement au blé bouilli, et encore bien mieux à la mouche, surtout naturelle ; petite mouche de cuisine. On peut la laisser filer entre deux eaux : elle l'y attaquera très vivement, mais on sera souvent démonté par les ablettes, toujours très nombreuses dans les endroits qu'affectionne la vandoise. Quant à nous, nous prenons le dard à la mouche naturelle, à la *pêche au lancer*, et surtout à la *pêche à la surprise*, qui nous en rapporte des quantités incroyables.

Le dard ou vandoise mord également bien sur la mouche artificielle, mais il ne faut employer pour lui que de petites mouches, appelées *cousins (gnats)*, et avoir la main leste, car son toucher est d'une excessive rapidité. On met souvent trois ou quatre mouches le long de la ligne ; comme on ne pêche qu'à petite volée et le long du bord, cela n'a point d'inconvénient.

« C'est surtout pendant les grandes chaleurs, aux mois de juillet et août, par une eau claire et profonde, le long des quais et des perrés, que se fait bien la pêche de la vandoise ou dard, à l'orge cuite. Il faut amorcer abondamment : ligne fine, hameçon n° 14 ou 15, flotte

légère, empile fine et peu luisante, bas de ligne en
crin de Florence, hameçon empile en blanc, et non
en noir. Traîner légèrement. Employer l'épuisette à
cause de la finesse des engins ; piquer vivement et finement dans le plan vertical.»

(R. S.)

Ces lignes sont empruntées au même manuscrit que
tout à l'heure ; nous les contredirons quant à l'emploi
de la florence. Quelque fine qu'elle soit, quelque précaution qu'on ait prise de la plonger dans le thé noir
bouillant, pour lui ôter du brillant et lui donner une
légère teinte grise, elle demeure toujours visible dans
l'eau, tandis que le crin de cheval y disparaît absolument. C'est surtout quand on s'attaque à des poissons
fins et rusés, comme le dard, qu'il faut redoubler de
précaution. Sans doute, on réussit quelquefois avec la
florence, mais on réussit toujours et mieux avec un
simple crin : souvent même j'ai dû ma réussite au
milieu de compagnons dépités, au petit subterfuge,
employé par moi, et auquel ils ne faisaient pas attention, de remplacer mon n° 14, empilé sur florence, par
un n° 15 empilé sur crin simple, mais choisi. Empilage
de soie blanche vernie.

X

LE CHEVESNE

Longueur maximum : 0^m,60 ; hauteur : 0^m, 12.

Tête grosse et large, à museau arrondi ; front large
et noirâtre, bouche excessivement large. Yeux jaune
pâle, avec une tache noirâtre en dessus. Dos verdâtre,
côtes un peu bleuâtres, flancs et ventre blanc brillant.
La chair est assez bonne et jaune, mais grasse et pleine
d'arêtes, à moins que l'animal ne soit très gros.

Le chevesne est partout et mange tout. C'est l'animal
le plus complètement omnivore des eaux, et quoique
ce qu'il mange ne soit pas toujours, suivant nos idées,
de la première propreté, nous ne pouvons, quand nous
envisageons les choses de plus haut, refuser à ce poisson le titre de grand *nettoyeur des rivières*. Tout ce qui
tombe à la surface des eaux est de son domaine, et la
nature prévoyante lui a donné non seulement la fécondité qui le propage et le répand en tout endroit, mais
un grand gosier et un grand estomac au moyen duquel
il croît vite et rend ainsi service de bonne heure sans

le faire payer par une trop grande dépense de temps.

De ce que le chevesne mange de tout, il ne faut pas en conclure cependant qu'il n'ait pas des préférences : au contraire, suivant la saison, il habite telle ou telle place de la rivière. Car c'est un seigneur qui aime ses aises, en hiver le soleil, en été l'ombre des grands arbres, en temps chaud la surface de l'eau, en temps froid le fond où l'eau est plus douce.

En allant le chercher où nous irions nous-même nous placer, si nous étions poissons, avec notre intelligence, le pêcheur est à peu près sûr de réussir. Nous allons en juger en prenant les quatre saisons de l'année.

Pêche au chevesne en hiver. Novembre à mars.—A cette époque de l'année les eaux sont grandes, froides et rapides; les gros chevesnes, les seuls que l'on puisse capturer, gagnent le fond des grands courants. Ils s'établissent sous les ponts, dans les haies des piles, et y font la chasse aux particules végétales ou animales qui, entraînées par le courant, y viennent tomber par leur propre poids, là où l'eau perd sa force. C'est le moment de pêcher le chevesne avec des tripes de volaille. A ce mot, nous donnerons la manière de les employer, car cet appât sert pour plusieurs sortes de poissons.

C'est encore le moment d'employer la cervelle de veau ou de mouton crue.

Pêche du chevesne au printemps. Mars à mai. — Pendant cette saison le chevesne recherche différentes esches : vers les premiers beaux jours, on voit apparaître les petits et moyens chevesnes, qui mordent parfaitement au ver rouge, et qui se prennent de la

même manière que le gardon, la brême, et souvent
pêle-mêle avec eux. Le
chevesne ne dédaigne
pas non plus le cherfaix.
Quant aux plus gros et
plus vieux, ils commen-
cent à monter à la sur-
face, attirés par le plaisir
de jouer au soleil bien-
faisant qui se montre
plus souvent. Si la ri-
vière est large, sans
arbres sur les rives,
comme la plupart de nos
fleuves, les gros cheves-
nes gagnent les grands
courants, où il faut les
aller chercher avec la
grande volée, la ligne
étant chargée d'un han-
neton, d'un grillon ou
de tout autre insecte de
printemps. Si les rives
portent des arbres touf-
fus s'étendant sur les
eaux, c'est au-dessous
d'eux qu'il faudra aller
chercher les gros che-

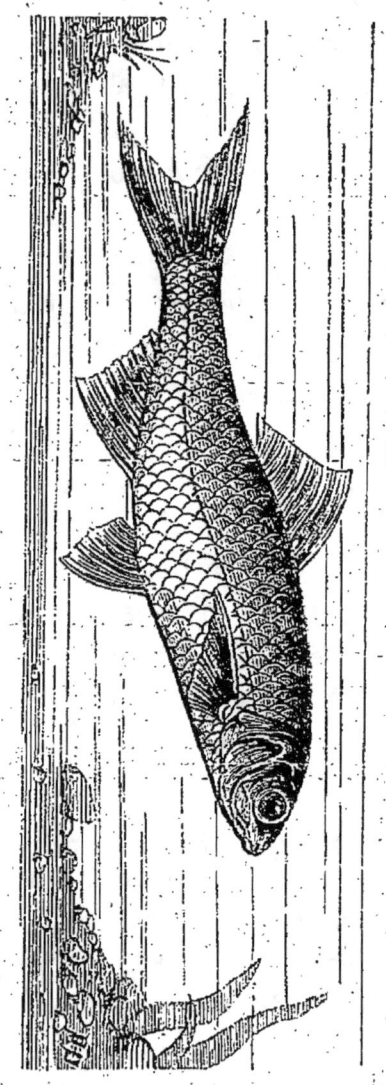

La Vandoise.

vesnes, qui attendent là, en se promenant, que le vent,
— leur ami pourvoyeur, — secoue pour eux une mois-

4

son de hannetons et de papillons dont ils font curée, sans autre peine que d'ouvrir la bouche. Oh! heureux poissons, trop heureux vivants si dans ces hannetons ne se cache quelquefois le perfide hameçon de l'homme.

En effet, il faut alors aller chercher le chevesne dans sa retraite de sybarite : on insinue sa canne sous les branches, et l'on fait bonne et belle capture. Tous les insectes alors parus sont bons, surtout les papillons blancs *nocturnes* qui élisent domicile sur les ormes et les épines noires; les poils caducs dont ils sont revêtus sont cause d'ampoules sur la main du pêcheur; il est donc bon quand on s'en sert de mettre des gants.

On fait usage de la pêche à rouler dès les premiers soleils.

Pêche du chevesne en été. Juin, août. — Dans ce moment les eaux sont limpides, le poisson voit de loin, il se tient à la surface et au fond, un peu partout, suivant le genre de nourriture que lui apporte le courant : dans une rivière où se trouvent des tanneries et des lavages de laine, le chevesne se tiendra au fond, parce que les parties lourdes des chairs seront portées en cet endroit par les eaux. Si la rivière est ombragée d'arbres, il restera à la surface pour gober les fruits et les insectes qui tombent. Déjà vers la fin du printemps et dès les premières cerises, on a commencé à le pêcher au moyen de ces fruits qu'il affectionne; quand les cerises manquent, on prend les groseilles rouges à maquereau et l'on ramène encore de fort beaux chevesnes.

A la suite de ces pêches vient celle au sang; quand cet appât est bien préparé, celle-ci n'a rien de répugnant et procure une très belle quantité de chevesnes. Elle doit être faite dans le fil de l'eau, au moyen d'un bateau, ou du haut d'une jetée, ou encore près d'un abreuvoir, dans un fleuve où l'eau rapide vient former un remous. Cette pêche réussit d'autant mieux que le cours d'eau est plus limpide et plus considérable; dans la Loire, la Garonne, elle est très recherchée. Il faut que le poisson ne soit pas gorgé de nourriture comme dans les petites rivières sans courant, où les chevesnes énormes se promènent gravement sans se préoccuper d'aucune espèce des appâts que vous pouvez leur présenter, ou bien s'ils se décident à se déranger pour une cerise vermeille ou pour un papillon bien dodu, ils l'engament avec une nonchalance de sybarite bien différente de la vigueur d'attaque qui caractérise le chevesne des grands fleuves, où la manne peu abondante laisse passer de grands jours où l'on ne mange pas grand'chose. Pendant l'été, la pêche à la grande volée se continue toujours; elle est alors fatigante, et l'on peut lui substituer la pêche à la surprise, qui réussit admirablement et procure souvent de très belles proies.

Pendant cette belle saison, il faut employer aussi, contre les chevesnes, la mouche artificielle, soit en fouettant à la surface, soit en la promenant doucement dans les bouillons d'eau d'un moulin ou d'un barrage, car ce sont là des places que ce poisson affectionne.

On le prend encore en plusieurs endroits à la pêche
à rouler, qui s'emploie dès le premier printemps.

A cette époque, il n'est pas rare de voir le gros
chevesne faire sa proie du petit véron vivant, avec lequel le pêcheur attirait la perche ou la truite.

Pêche du chevesne en automne. —Septembre et octobre.
— Le raisin mûrit, le chevesne l'affectionne comme un
gourmet qu'il est ; le raisin rouge réussit à l'automne
aussi bien que la cerise vermeille au printemps, même
mieux. En hiver, on peut lui offrir des raisins secs et
être récompensé de cette attention par la capture d'un
gourmand émérite.

Pendant cette saison, on continue la pêche au sang,
quand il fait chaud, ou celle à la mouche naturelle ou
artificielle. Si le temps est froid, on peut se servir de
rate cuite ou crue, de cervelles, de queues d'écrevisses
crues, etc. Il ne faut pas omettre un des meilleurs
appâts pour le chevesne dans les pays où l'on cultive le
ver à soie : ce sont les cocons, c'est-à-dire les vers
échaudés que l'on a débarrassés de leur charmante
enveloppe. Ce gros ver succulent est un des plus friands
régals des chevesnes et lui offre un appât auquel sa
gourmandise ne sait pas résister.

Pour terminer, nous ne devons pas omettre de rappeler que le chevesne, surtout quand il est un peu gros,
est un poisson vigoureux qui ne se défend pas longtemps, mais dont la première défense est terrible.
Enfin, comme ce poisson présente souvent un poids de
trois à quatre kilos, il faut une ligne solide. D'un autre

côté, le chevesne est aussi défiant que gourmand, ce n'est pas peu dire; de sorte que prendre une ligne forte, c'est lui donner une trop belle partie et lui montrer la moitié de son jeu. Si l'eau est claire, il faut choisir une ligne qui se termine par six brins de crin au moins : prendre garde que la florence, plus solide, mais trop brillante, le fait souvent fuir par le reflet du soleil. Cependant, si l'eau est un peu trouble, ou si l'on pêche en hiver, il faut se monter hardiment sur une bonne florence, en un ou deux brins bien choisis et cordonnés avec soin. On ne devrait jamais pêcher le chevesne sans une canne à moulinet. S'il est un poisson dont la défense exige ce genre d'instrument, c'est certainement celui-là.

On recommande de pêcher le chevesne avec de très gros hameçons, ce que l'on conçoit jusqu'à un certain point, si l'on considère la grandeur de sa gueule.

D'un autre côté, la gueule est charnue et facile à piquer, ce qui semblerait permettre l'emploi d'hameçons plus petits. Une nombreuse série d'observations nous a mis à même de nous assurer que le chevesne, en saisissant sa proie, la serre, la *palpe* pour ainsi dire au moyen de ses lèvres énergiques; s'il y sent un corps suspect, il rejette de suite, en ouvrant les lèvres, cette proie peu rassurante, et dans ce mouvement, les hameçons de certaines espèces sont presque toujours rejetés sans avoir accroché les organes buccaux; de ce nombre sont les limericks droits, qui ne piquent le chevesne qu'à condition que le pêcheur puisse ferrer au moment précis où le poisson essaie l'appât. Or, quand on pêche de dessus un pont, avec une ligne de 20, 30 ou 40 mètres, ce moment n'est pas facile à saisir comme l'éclair. Il serait donc désirable d'être armé d'un hameçon qui ne pût toucher le chevesne sans le piquer. Tous les hameçons qui ont beaucoup d'avantage, tels que les limericks courbes, sont meilleurs, mais à moins de les prendre très gros, ils manquent encore quelquefois leur effet.

Toutes ces réflexions nous ont conduit à l'adoption du grappin pour la pêche du chevesne, et la réussite la plus complète a couronné nos efforts. Avec un grappin (et le plus petit est le meilleur), la défiance du chevesne tourne à son détriment : plus il palpe l'esche, plus il la fouille des lèvres, mieux il est pris, car à la première pression, un vif mouvement de sa queue a indiqué au pêcheur que l'acier du dard a pénétré; ferrez un coup sec et pas trop fort, il est à vous sans peine ; car trois hameçons le tiennent à la fois, et quoique petits, très petits même, ils supportent l'effort ensemble, et vous savez que l'*union fait la force*.

Je terminerai donc cet article en disant au pêcheur : Malgré le surcroît de précautions que demande l'emploi du grappin, l'usage de l'aiguille à amorce, etc., malgré tout cela, si vous êtes un pêcheur soigneux et si vous vous attaquez à des chevesnes de taille respectable, même si vous pêchez au papillon, servez-vous d'un petit grappin, et vous prendrez tous les chevesnes qui vous attaqueront, ce qui n'est rien moins que sûr avec un gros hameçon simple, suivant la méthode ordinaire.

XI

LE GOUJON .

Longueur maximum : 0^m,23.

Corps allongé, fusiforme, dos arrondi couleur bleuâtre, ou verdâtre, ou jaune, suivant les eaux et les âges, mais tacheté de brun foncé ; écailles assez grandes, quelquefois violacées, ventre blanc rosé, ligne latérale droite. La tête est assez longue et l'œil haut dans la tête. Les narines s'ouvrent entre l'œil et le bout du museau ; la mâchoire supérieure est plus avancée que l'inférieure. Deux barbillons, un de chaque côté aux angles de la bouche, comme la plupart des poissons de fond. Ces appendices charnus et mobiles, probablement siège d'une très grande sensibilité, sont, pour les poissons vivant dans une certaine obscurité, — sous les corps flottants au fond des eaux, sous les herbes, — sont, disons-nous, des organes de tact très précieux. On doit supposer que c'est au moyen de ces barbillons qu'ils rencontrent, au milieu des parcelles solides du sable, les parties nutritives, les insectes, les détritus dont ils font leur nourriture. Le goujon se nourrit de plantes, de petits œufs, de vers, de débris de corps organisés.

Le goujon recherche les eaux vives, ni trop froides, ni trop rapides. Dans les eaux froides, le véron le remplace; il préfère les fonds de sable à tous les autres, et ne passe, dit-on, sur la vase que pour changer de lieu. Cette remarque, cependant, souffre de nombreuses exceptions, car le goujon se trouve dans les rivières à fond argileux, où ne se voit point de sable, mais, — remarquons-le aussi, — où n'existe pas de vase molle.

Les endroits qu'il préfère sont ceux où le sable est remué et où l'eau de la rivière, habituellement limpide, devient trouble en charriant les particules terreuses du fond. En ces lieux, il trouve en abondance les insectes microscopiques et les particules nutritives dont il fait sa nourriture; aussi les goujons s'y réunissent-ils en troupes et y viennent-ils de très loin, remontant le filet d'eau trouble que l'on peut créer, d'ailleurs, artificiellement.

Connaissant ce fait, les pêcheurs en profitent quand les crues naturelles ne leur donnent pas toute facilité de prendre le goujon en abondance.

Pour pêcher ce poisson, on prépare un corps de ligne de deux ou trois crins tordus, et une avancée d'un seul brin bien choisi. On y monte un ou deux hameçons nos 12 à 15, suivant la grosseur présumée du goujon dans la rivière. On y place une flotte de grosseur moyenne, que l'on équilibre de plomb pour la faire tenir verticalement.

Il faut avoir soin de bien sonder le fond et de mettre la flotte de façon que l'hameçon ait $0^m,10$ de ligne porte sur le fond.

On peut employer aussi avec le plus grand succès la balance, mais surtout dans les eaux à courant très mou ; le sondage de l'eau est le même, les deux hameçons doivent traîner.

L'appât qui plaît le plus au goujon est le ver rouge bien vif que l'on trouve dans le terreau et le fumier, le même qu'aime la perche et la plupart des poissons. On peut encore se servir de l'asticot, mais on réussit moins bien. On fait choix, si l'on a une rivière sablonneuse, d'un fond de $0^m,60$ à 2 mètres au plus ; on s'assure que le fond ne contient pas d'herbes ou de racines sur lesquelles le courant pourrait jeter l'hameçon ; s'il est possible, on remue le fond avec un bâton ou un râteau à dents de fer ou un bouloir, sorte de pilon fait d'une semelle de vieux soulier clouée à plat au bout d'une perche.

Le goujon mord franchement, il attaque par deux ou trois secousses, puis la flotte s'enfuit en ligne droite en s'enfonçant sous l'eau. C'est une pêche à laquelle il ne faut pas se presser. Il est essentiel de bien se persuader qu'une fois que le goujon a saisi le ver, — ce qui produit les premières secousses, — il ne le lâchera pas qu'il n'ait avalé l'hameçon et tout ce qui s'ensuit. Il ne faut donc ferrer *qu'au coup tirant*, et avec un peu d'habitude, c'est un poisson que le pêcheur ne manque jamais.

Quelques personnes prétendent que l'on peut attirer les goujons en descendant au fond de l'eau, dans un sac ou un panier, des feuilles de mauve pilées avec du pain ou du chénevis. On les attire encore dans un endroit en y coulant des boules de terre glaise garnies de son et d'asticots.

Le moment le plus favorable pour pêcher le goujon est pendant les mois d'août, septembre, octobre et même novembre; mais, à cette époque, ils commencent à se retirer dans les grands fonds d'eau, près des vannes des moulins, à la bonde des étangs, sous les crônes et les racines, dans les cavités des berges, où ils passent l'hiver probablement, à moitié ou tout à fait engourdis.

Ligne à Goujon.

Cette dénomination indique plutôt une forme et une grosseur de ligne qu'un instrument spécial destiné à la pêche d'un seul poisson. On adopte cette désignation faute d'une meilleure, qui ne soit pas une longue périphrase. En un mot, la ligne à goujon sert à prendre tous les poissons de fond de petite et moyenne dimension. Ce qui la caractérise, c'est qu'elle supporte au moins deux hameçons.

On prend, pour composer cet instrument de pêche, une canne de dimension ordinaire, on la garnit d'une soie fine et on y met une avancée, la plus mince possible. Le meilleur moment pour pêcher le goujon

étant lorsque les grandes crues, les orages, la fonte
des neiges amènent des crues ou des eaux troubles, il
n'est pas nécessaire de se monter aussi finement que
pour les eaux limpides, où se tient généralement le
gardon, d'autant plus que presque toujours là où se
tient le goujon, se trouve le barbillon. Ce dernier n'est
pas toujours de petite taille, et je ne parle que pour
mémoire des plies, toutes les rivières n'en contenant
pas. Aussi beaucoup de pêcheurs croient devoir pêcher
le goujon montés très solidement sur florence, avec
deux hameçons, il est vrai, dont le premier sera un
peu plus fort que l'autre, un n° 10, pendant que le se-
cond sera un n° 12. Si ces pêcheurs n'ont pas de moulinet ni d'épuisette, ils ont raison; on ne sait pas, à
cette pêche en eau trouble, ce qui peut arriver. Nous
avons pris un jour une brême de deux kilos, en pêchant
au goujon dans 0^m,50 d'eau, par une crue, et certes,
monté sur un *crin*, nous ne l'eussions pas eue sans le
moulinet et l'épuisette secourable!

Cependant nous dirons aux pêcheurs sérieusement
amis du progrès : montez votre moulinet, mettez une
avancée fine, un bon limerick à palette n° 12,
monté sur un fort crin, un n° 14 plus haut sur un petit
pater-noster, et pêchez hardiment. La florence a toujours une certaine raideur que le crin ne garde jamais
dans l'eau; le poisson qui cherche un peu à tâtons
concentre toute son attention sur le sens tactile de ses
lèvres; si ce qu'il essaye d'engamer résiste, il le laisse;
s'il ne sent aucune embûche, il mord; il est pris.

Nous ajouterons cependant ceci plutôt dans la prévision des heureux accidents qui amènent à la ligne à goujon une pièce plus difficile à prendre, — brême, gardon, carpe, — que pour le goujon qui est un goulu, lequel, quand il a senti le ver, ne le laisse plus. Il en est de même du barbillon, de la lotte et de l'anguille ; car vous pourrez prendre tout cela dans les brouillards des crues et des eaux troubles.

Sans épuisette, faites le corps de ligne en six brins de crin finissant à quatre.

La ligne à goujon offre une difficulté sérieuse, c'est celle de toutes les lignes qui portent plusieurs hameçons; comment les empêcher de retomber sur le corps de ligne, de s'y emmêler et d'y devenir inutiles? On a proposé beaucoup de solutions, mais le *pater-noster* est, à notre avis, la seule complète, tant que la ligne peut porter les deux petits plombs nécessaires pour arrêter la perle. S'il en était autrement, il faudrait faire des nœuds qui seraient un peu moins solides. On monte sur la perle une soie de sanglier courte, de façon que, pliée et la boucle faite, le tout ait 0^m,06; dans cette boucle on passe celle de l'empile courte, 0^m,05, des hameçons dont on a besoin. De cette manière, la soie de sanglier ne ployant pas dans l'eau, l'empile de l'hameçon sera toujours isolée et ne pourra se mêler au corps de ligne que l'hameçon ne touchera jamais.

On peut également adopter la balance à goujon, très bonne dans les rivières à courant doux et fond uni.

XII

LE BARBEAU OU BARBILLON

On ne peut pas dire qu'il y ait une pêche particulière pour ce poisson. Le moment où il est le meilleur est depuis le mois de septembre jusqu'en mai : alors il a peu de laite et d'œufs.

Comme il est très vorace, il mord bien à l'hameçon et se prend en même temps que les autres poissons de fond, mais de préférence dans une eau courante limpide et profonde.

Pendant l'été, il fréquente les parties herbeuses des bancs de sable ; mais comme avec l'automne, les herbes tombent et disparaissent, il se retire dans l'eau profonde et élit domicile auprès des pilotis, des écluses et des ponts où il reste jusqu'au printemps suivant.

Sa nourriture habituelle se compose de limaces, de vers, et de petits poissons.

Pendant l'hiver, le froid semble mettre les barbillons dans un état de torpeur qui permet de les prendre à la main. Alors ils ne mordent plus à l'hameçon et forment

des bandes quelquefois agglomérées sous le bord de
quelque bateau coulé à fond ; là ils demeurent couchés
les uns à côté des autres en tel nombre qu'on les prend
souvent en laissant descendre un gros hameçon parmi
eux, et le tirant à soi brusquement, on en accroche
tout simplement par le milieu du corps. On choisit pour
cela une bricole ou un grappin, que l'on fait avec deux
ou trois hameçons n° 0.

Quoique omnivore, le barbillon aime les aliments à
goût fort : le fromage de gruyère, très fort et passé,
est, en été, le meilleur appât pour les lignes de fond.
On peut aussi se servir d'une espèce de larve de mouche
appelée vulgairement *ver à queue* que l'on récolte dans
les étables à vache. L'asticot peut le remplacer.

La véritable pêche du barbillon, c'est la pêche dans les
pelotes, et plus généralement toute pêche de fond, la
ligne à soutenir, les jeux, les lignes de nuit ; car ce
poisson mord peu en jour et très vivement le soir et le
matin, au crépuscule.

Le barbillon est du nombre des cyprins qui ont la
propriété d'émettre un son guttural sous l'eau, mais on
ignore le mécanisme qui leur permet cette faculté.
Pendant ce son, aucune bulle d'air ne s'échappe de la
bouche du poisson.

XIII

LA TANCHE

Longueur maximum : 0^m, 35 ; hauteur : 0^m, 09.

La couleur du poisson varie d'un brun jaunâtre à un beau ton vert bronzé, suivant les eaux, l'âge, et peut-être le sexe. Les nageoires varient également. La gorge est généralement blanchâtre ainsi que le ventre, les nageoires sont violettes.

Ce poisson fraie à la fin du printemps ou au commencement de l'été, vers le milieu de juin. Les œufs éclosent vite, et le jeune fretin croît et se disperse rapidement. La tanche fréquente les mêmes lieux que la carpe et préfère les étangs aux rivières. Elle aime toutes les pâtes où l'on a mêlé du goudron. Le meilleur temps pour la pêcher est pendant le mois d'avril et mai. Cette pêche se fait près de terre et demande que l'on jette de temps en temps des petites boulettes d'amorces, car ce poisson est capricieux et paresseux à mordre. Quelquefois, en été, la tanche s'élancera tout à coup hors de l'eau pour happer les insectes au vol, ou faire tomber une mouche. Quand le temps est couvert, et qu'il tombe une petite pluie douce, c'est le moment où dans les étangs la tanche se promène au fond de l'eau et mord bien. Hors cela, elle est peu gloutonne, et, dans certaines eaux ne mord pas du tout. La tanche s'engourdit à demi dans la vase des eaux tranquilles qu'elle fréquente de préférence ; elle se nourrit comme les carpes et habite volontiers avec elles ; mais plus heureuse que ses voisines, elle est à l'abri des attaques des poissons de proie, mais hâtons-nous d'ajouter pas à l'abri de celles des oiseaux de proie.

Quoi qu'il en soit, des observations récentes sont venues confirmer ce fait, avancé depuis l'antiquité, que le brochet, l'anguille, la perche ne mordent pas sur la tanche. Jamais on ne prend une seule tanche grosse ou petite dont le corps ou les nageoires portent les atteintes du glouton, tandis qu'à chaque instant, tous les poissons de l'étang se montrent emportés ou estropiés de quelque partie de leur corps. A quoi tient cette curieuse immunité ? Certains auteurs l'attribuent à la viscosité abondante qui suinte du corps entier de la tanche et qui, sans doute, présente une odeur et une saveur particulières. Que ce soit là le motif de la répulsion du brochet, j'en doute presque, car, sous l'élan subit et irrésistible de l'ogre des eaux douces, la tanche serait atteinte et blessée quoique recrachée, si son odeur est, pour le brochet, insupportable, mais au moins elle en porterait les marques, et ce phénomène devrait se reproduire. Or, il n'en est rien. Quant à moi, j'attribue l'immunité de la tanche vis-à-vis du brochet, à ce fait bien simple que l'un et l'autre habitent, dans la même eau, des endroits tout à fait différents et comme séparés par une barrière infranchissable. La tanche ne quitte pas les fonds, elle vit sur et dans la vase, et quelquefois plongée dans une vase si noire et si fétide, qu'on s'étonne qu'une créature animée n'y soit pas immédiatement asphyxiée. Le brochet, au contraire, n'approche jamais ces lieux-là : il vit entre deux eaux, ne descend au grand fond qu'à demi engourdi par le froid de l'hiver, et alors il se choisit des endroits propres à le recéler et non à le voir chasser. Telle est, tirée des mœurs certaines des deux poissons, la raison de l'immunité de l'espèce inoffensive.

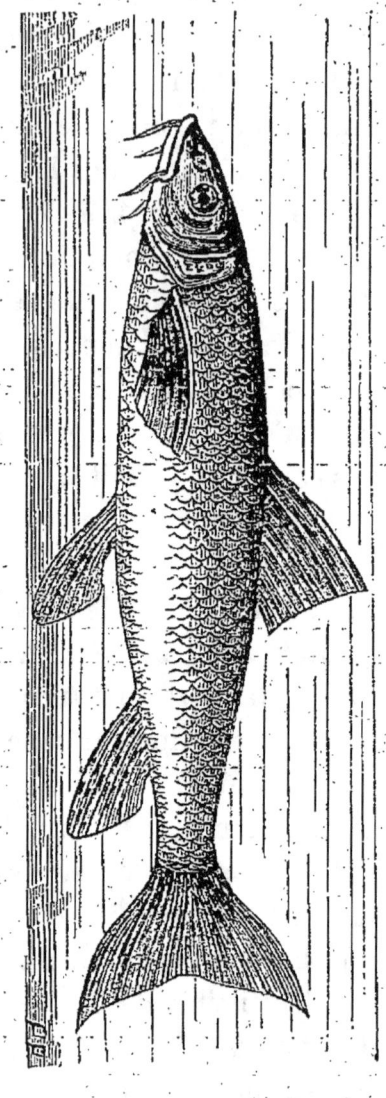

Le Barbeau.

La même raison qui sauve la tanche des atteintes du brochet la garantit en même temps des attaques de la perche. Celle-ci vit également, plutôt à la surface ou entre deux eaux qu'au fond, elle fuit comme le brochet les fonds vaseux, le milieu des herbes grasses; elle ne parcourt que la cime des joncs submergés, entre les touffes desquelles elle s'embusque pour atteindre les petits poissons de surface.

Et cependant, bizarrerie inexplicable ! le goujon, ami du fond, est très recherché du brochet et de la perche. Mais, hâtons-nous de rappeler que le goujon est un ami des fonds, il est vrai, mais des fonds sableux, et qu'il ne contracte que rarement le goût et l'odeur de la vase.

Enfin, si l'explication me semble à peu près possible vis-à-vis du brochet et de la perche, elle est, je dois l'avouer, tout à fait en défaut vis-à-vis de l'anguille. En effet, l'anguille est dans le même lieu que la tanche: la même boue les recèle toutes les deux, et cependant l'anguille paraît oublier sa voracité naturelle alors qu'elle peut attaquer la tanche de jour aussi bien que de nuit. Est-ce que visqueux contre visqueux ne feraient pas bien leurs affaires ? Qui le sait ?...

« J'ai vu tendre, dit J. Franklin, pendant la nuit, plusieurs lignes amorcées avec des poissons vivants: gardons, vandoises, ablettes et tanches. Or, quand le matin on venait relever ces lignes, on trouvait des anguilles et des jeunes brochets pris aux hameçons garnis avec les autres poissons, mais non à ceux qui avaient des tanches pour appâts : ces dernières étaient, au contraire, aussi vives qu'au moment où on les avait plongées dans la rivière la nuit précédente, tout annonçait qu'elles n'avaient pas même été attaquées. Je cite le fait, après en avoir souvent renouvelé l'expérience, et je n'ai pas trouvé cette règle démentie par une seule exception. J'ai consulté mes confrères en l'art de la pêche, et tous m'ont répondu avoir observé comme moi à quel point la tanche jouissait du droit d'immunité vis-à-vis des attaques que les voraces habitants de l'eau dirigent continuellement contre les autres poissons.

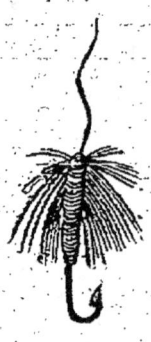

XIV

LA CARPE

Longueur maximum : $1^m, 20$.

Poisson connu de tout le monde; dos arqué d'un vert olivâtre ou bleuâtre, jaunâtre en dessous; ventre plus blanc. Caudale et ventrale violacées, anale rouge brun. Quatre barbillons, dont deux aux angles de la mâchoire. Ecailles grandes et solides. Tête forte, grosse et obtuse, yeux petits.

Originaire du milieu de l'Europe, elle vit dans nos eaux tranquilles où elle atteint jusqu'à $1^m, 20$ de long. Elle s'élève aisément dans les viviers, dans les étangs, et est généralement de bon goût.

Les eaux claires et peu courantes lui conviennent, et cependant, elle trouve dans les eaux des qualités qui échappent à nos observations, puisqu'elle se confine dans telle ou telle partie d'un fleuve ou d'une rivière, et qu'on ne la trouve que là. La sensibilité de la carpe est même si grande sur ce point, que celles qu'on élève et qu'on abandonne dans ces rivières à

l'état sauvage, vont rejoindre les autres aux mêmes
endroits, et ne repeuplent point le cours d'eau dans
toute sa longueur.

La carpe se reproduit cependant avec une grande
facilité dans les étangs, mais l'eau vaseuse communique facilement un goût de marécage à sa chair. Il
est facile d'ailleurs de lui faire perdre ce goût de vase,
en la faisant dégorger, huit jours seulement, dans une
eau vive.

Alors que la carpe veut frayer, elle quitte les grands
cours d'eau pour chercher des endroits plus tranquilles, et dans cette route, elle n'est pas arrê-
tée par des chutes d'eau de deux mètres, qu'elle
remonte avec autant d'adresse et de persévérance que
la truite.

La carpe est peu vorace, mais se nourrit du frai d'autres poissons, d'insectes et de beaucoup de substances
végétales et animales qu'elle trouve dans la vase.

Quel que soit le mode de pêche que l'on veuille
adopter pour la carpe, il faut d'abord s'assurer qu'il y
en a dans le lieu même où l'on doit pêcher et les y rassembler, car ce poisson se cantonne et demeure fidèle
à l'endroit choisi par lui. On se sert à cet effet d'appâts de fond, que l'on place sur le sable dans un lieu
où il n'y a pas d'herbes. Si le fond est vaseux, on y
descend une planche que l'on couvre de terre glaise
sur laquelle on place les appâts.

Cette table est attachée à une corde qui se fixe au
rivage pour qu'on puisse la retirer et remettre des
appâts si les carpes les ont enlevés. Les appâts em-

ployés varient beaucoup, mais ordinairement ce sont des graines cuites.

Pour pêcher la carpe à la ligne, il faut choisir des hameçons à l'épreuve, les monter sur des lignes de soie solides, teintes en vert si l'on veut, et attacher la ligne et le moulinet à une canne solide, pas trop flexible, et longue. La flotte peut être grosse sans inconvénient, la carpe, au fond, ne la voit pas.

Les appâts dont on fait usage pour cette pêche sont nombreux; sans parler des fèves cuites, en voici quelques autres :

Prenez cinq cents grammes de marc de chènevis, soixante grammes de saindoux, autant d'huile de héron et de miel, huit cents grammes de pain blanc rassis, et quatre grains de musc. Mêlez le tout ensemble et en faites une pâte que vous coupez par morceaux, avec lesquels vous garnissez les hameçons.

« D'après Walton, il faut choisir des vers rouges très gros, les garder trois semaines à un mois dans la mousse que l'on change de temps en temps. Mettez à vos lignes de soie ou de crin de longs tuyaux de plumes de cigogne ou d'oie, attachez le plomb à 0^m, 50 au-dessus de l'hameçon, et choisissez-le assez pesant pour qu'il fasse enfoncer un peu le liège de la plume sous l'eau; il faut que ce plomb soit à la mesure exacte du fond.

« Rendez-vous sur le lieu où vous aurez vu ce poisson se promener vers quatre heures de l'après-midi, en été. Remarquez que, pendant que la troupe cherche sa nourriture au fond, une ou deux carpes restent en

sentinelle à la surface de l'eau. C'est vers le milieu de
la rivière, au moins à trois ou quatre mètres du
rivage, dans un fond clair et un terrain convenable,
qu'il faut commencer. Si l'eau change de niveau, prenez de nouveau la hauteur afin que, le plomb étant au
fond, la flotte paraisse seulement de deux centimètres
au-dessus de l'eau. Il faut remarquer que toutes les
recommandations se rapportent à l'emploi des flottes
anglaises. »

« Mettez pour amorce des groses mouches ou des
abeilles. Quand la brême ou la carpe mordra, ne vous
pressez pas, rendez-lui de la ligne, elle ira de l'autre
côté de la rivière, ferrez alors doucement et tenez
votre canne penchée quelques instants, car si vous
tirez, vous êtes sûr de perdre votre proie, la ligne ou
l'hameçon se rompra.

« La carpe est plus courageuse que la brême, vous
pouvez continuer cette pêche de quatre heures du
matin à huit heures, et, si le temps est obscur, elle
mordra tout le jour; ou mieux recommencez cette
pêche à quatre heures du soir, le meilleur temps est
la fin de juin à la fin d'août. »

Quand vous aurez pris du poisson plusieurs jours à
la même place, les autres deviendront méfiants; il
faudra les laisser reposer deux ou trois jours et agir
ensuite. Ainsi :

Prenez une touffe de gazon vert et court, large
comme une assiette; au sommet de cette herbe, du
côté vert, attachez avec une aiguille et du fil vert
autant de petits vers rouges que vous pourrez pour

recouvrir le gazon, faites un rond de bois de la grandeur du gazon, percez-le au milieu, placez-y le gazon
et descendez-les ensemble où vous mettiez les amorces
de fond.

On peut employer encore la vieille préparation suivante : Dans une bouteille, vous mettrez de la chair de
héron, et enterrez cette bouteille dans du fumier
chaud, où elle restera pendant quinze jours au moins,
jusqu'à ce que la chair soit changée en huile. On retire
alors la bouteille que l'on tient fermée pour que la
liqueur ne s'évapore pas. Quand on veut pêcher, on
mêle de la mie de pain et du chénevis que l'on imbibe
de cette huile, et que l'on partage en boulettes qui servent d'appât.

Quelques pêcheurs n'amorcent leurs hameçons qu'a-
vec des vers de terre, mais il est bien préférable d'a-
morcer son hameçon comme d'ordinaire et de le frotter
souvent dans une composition faite avec : deux grammes de musc, quelques gouttes d'huile d'aspic, deux
grammes de momie et deux grammes de camphre.

On prépare encore des vers excellents pour la carpe
en les conservant huit jours sans nourriture, puis les
mettant passer une nuit dans du son humide, le lendemain, ils sont rebondis et pleins, la carpe en est
friande.

La plupart des amorces étant faites et composées en
vue de la pêche à la carpe, nous en avons réuni plusieurs ici, plus spéciales que celles qui composent le
tableau donné au mot, « amorces ».

I. Prenez un litre de froment, un litre de chénevis,

trois fortes poignées de beaume sauvage, autant de
tanaisie, une grande quantité de bouse de vache fraîche
et dix litres d'eau; faites bouillir jusqu'à ce qu'il ne
reste qu'une pâte épaisse, mettez en boulettes et coulez
à la place voulue, le soir, pour le lendemain matin.

II. Cette amorce, contenant un toxique puissant, et
une drogue prohibée, ne peut être expérimentée qu'a-
vec beaucoup de précaution et dans un vivier fermé
ou dans la rivière d'un parc, jusqu'à ce qu'on ait ac-
quis la certitude, par des essais répétés, que cette for-
mule est inoffensive, soixante grammes de coque du
Levant pulvérisée, quinze grammes de cumin en poudre, cinq cents grammes de farine et un fiel de bœuf;
pétrissez le tout en pâte avec un peu d'eau-de-vie, faites
cuire au four; cette galette se conserve longtemps et
se jette par morceau à l'endroit où l'on veut pêcher.

III. Broyez du fromage de Hollande ou de Gruyère
dans un mortier avec de la lie d'huile d'olives et du vin,
jusqu'à ce que tout soit réduit en une pâte un peu
épaisse. Ajoutez un peu d'eau de roses, faites-en des
boulettes grosses comme des pois qui se jettent en
amorces ou se mettent en esche à l'hameçon.

IV. Quelques personnes prétendent que l'on attire
le poisson en jetant dans l'eau des grains de moutarde,
ou les fruits de l'églantier ou rosier sauvage. C'est une
recette bien facile à essayer, mais dont nous ne pouvons garantir l'efficacité n'en ayant jamais fait usage.

Lorsque la carpe se sent prise et qu'elle est grosse,
elle fait tout son possible pour casser la ligne; on re-
médie à cela en employant un moulinet libre, lequel

est entortillé d'assez de ligne pour être sûr d'en fournir à la carpe autant qu'elle en demandera; quelquefois, on enroule la ligne autour de la canne et on la laisse se dérouler à mesure que le poisson la tire, mais ce moyen est peu sûr; la fuite du poisson est tellement rapide qu'il aura tout brisé avant que le pêcheur ait rien pu tourner.

Quand le temps est couvert et qu'il tombe une pluie douce, la carpe, surtout dans les étangs, se promène au fond de l'eau et mord parfaitement aux esches qu'on lui présente.

C'est une illusion de pêcheur novice de croire que la carpe se prend à la mouche, et surtout à la mouche artificielle. Quand un marchand vous en proposera d'étiquetées ainsi, riez-lui hardiment au nez. On cite quelques rares exemples de pêcheurs qui, à la *pêche à la surprise*, avec un hameçon couvert d'une *mouche commune naturelle*, ont été étonnés de prendre une carpette qui voulait goûter cet objet sautillant. La *perche*, elle aussi, se passe ces fantaisies quelquefois, quand elle est sûre de n'être vue par personne, — ce qui serait déshonorant pour sa formidable armure mâchelière; — et cependant personne ne s'est avisé de dire que la perche se prenait à la mouche artificielle. Le gardon de fond ou *gardon carpe* se prend bien, lui, à la mouche; or, sa forme, ses mœurs, et son habitat, sont ceux de la carpe. De là, sans doute, sont venus la confusion et le préjugé que la carpe se prenait à la mouche.

XV

NOYER UN POISSON

Lorsqu'on pêche avec attention, il faut toujours avoir soin que le *corps* de la ligne et la *monture* de l'hameçon, surtout, soient le plus fins possibles, parce qu'il est avantageux avant tout, de les soustraire aux regards défiants des poissons un peu gros. Mais, par contre, plus la ligne est fine, plus il est difficile de se rendre maître du poisson qui a mordu. Si l'on voulait relever une semblable ligne aussitôt après avoir ferré, le poids du poisson et la résistance dans l'eau la feraient ployer à tout rompre ; il faut donc se garder, en ce moment, de laisser la canne horizontale, formant une ligne droite avec le fil, de lui à la main du pêcheur, car c'est la seule position dans laquelle l'élasticité de la canne, du scion, et de la ligne soient nulles, et si une secousse du poisson rencontre une résistance absolue, il faut, de deux choses l'une, ou que la ligne se brise ou que la blessure s'agrandissant, l'hameçon sorte. Il arrive souvent, dans un cas semblable, que ce

n'est pas l'hameçon qui s'arrache, mais une partie de
la mâchoire de l'animal qui se déchire, et celui-ci n'en
est pas moins perdu. Rarement le fer de l'hameçon se
casse, mais cet accident n'en dénoue pas moins fata-
lement la lutte quelquefois. Il est donc important, dès
qu'un gros poisson est accroché, de se hâter de relever
la canne avec le poignet sans autre mouvement du
bras, puis d'amener la canne à faire, avec la surface
de l'eau, un angle d'au moins 45°; souvent même il y
a avantage à outrer ce mouvement et à ramener la
canne dans une position presque verticale. Le scion
oppose alors toute son élasticité aux secousses, et la
défense du poisson, au lieu de s'exercer sur un point
résistant, s'anéantit à faire décrire à la canne une
courbe plus ou moins prononcée.

Bien entendu, nous ne parlons ici que d'une canne
simple, non munie d'un moulinet, car, dans ce cas,
la manœuvre change, mais elle revient toujours,
comme dernier acte, à celle que nous essayons de
décrire.

Le relèvement vertical de la canne a forcé peu à peu
le poisson à se rapprocher du pêcheur, c'est alors qu'à
fleur d'eau, il ruse, il se débat, il joue sa vie avec une
audace, une ardeur, et une adresse qui dépendent de
son âge, et par conséquent de sa grosseur. Tout à coup
il se calme, mais c'est pour recommencer ses sauts avec
une plus grande violence. Il n'était pas vaincu, il était
seulement fatigué, c'était un peu de repos qu'il cher-
chait pour se défendre encore.

Cette première bataille n'est souvent pas décisive,

le seul moyen qu'elle le devienne, c'est de bien se garder de changer la position ployante de la canne ; si le fil résiste, tout est bien. Il ne faut cependant pas oublier que le poisson, plongé dans l'eau, est beaucoup moins lourd que quand il en sera sorti : c'est donc ici le moment de ne pas s'éloigner de l'épuisette, qui, comme le *deus ex machinâ*, dénouera l'aventure victorieusement pour le pêcheur. La lutte sera courte maintenant ; la victime fatiguée se laisse aller sur le fleuve : voici le moment de la *noyer*, ce qui semble une singulière expression, quand il s'agit d'un poisson. Nous, nous nous noyons dans l'eau, lui, nous allons le noyer dans l'air ! Certains poissons existent cependant pour lesquels ce genre de noyade est impossible, leur conformation — différente de celle des autres, — leur permettant un assez long séjour hors de l'eau sans en être incommodés. L'anguille est de ce nombre : aussi se monte-t-on solidement pour la pêcher, et, quand elle est prise, la tire-t-on d'autorité sur la rive.

Il est temps de faire sortir de l'eau la tête de la proie suspendue à la ligne, afin que le liquide et l'air entrent simultanément dans sa gueule forcément entr'ouverte. A chaque aspiration, le poisson humera de l'air que ses branchies ne sont pas faites pour supporter, et l'asphyxie s'ensuivra, non de suite, mais peu à peu.

Il est bien rare que le poisson, atteint ainsi dans son organisme, ne se ravive pas une dernière fois pour essayer, au moyen des plus violentes secousses, de recouvrer sa liberté. Il le fait, non plus par des efforts raisonnés, mais par des sauts convulsifs, plus dange-

reux peut-être parce qu'ils ont toute l'énergie du déses-
poir. Cette lutte est la dernière, il faut y garder tout
son sang-froid, si la ligne résiste, le scion aussi, tout est
fini : fatigué, épuisé, demi-asphyxié, le poisson reste
sur l'eau comme une masse inerte que l'on rapprochera doucement du bord où l'épuisette, passée adroitement par-dessous, le fera monter. Heureux moment
pour le pêcheur adroit !...

Quand il s'agit de se servir de l'épuisette, il faut
prendre de la main gauche la canne que l'on tient
ordinairement dans la main droite, et se tenir prêt à
lâcher encore au poisson, s'il reprenait courage, ce qui
lui arrive quelquefois à l'approche du petit filet. Certains poissons, comme la truite, le barbillon, le brochet, combattent jusqu'à la mort.

Surtout, pêcheur, ne saisissez jamais, à la main, la
ligne quand le poisson est au bord ; le moindre effort
de sa part sur un fil court et non extensible comme
celui-là vous ferait perdre à coup sûr votre capture
presque assurée. Enlevez-le avec la canne si vous n'avez
pas d'épuisette et si la rive est élevée. Si elle est basse,
tâchez de lui passer un couteau ou un petit bout de
bois dans les ouïes, et tirez à vous.

Si vous n'avez à votre portée que le fil de la ligne,
il faut tout risquer, mais doucement et avec prudence.
La brusquerie ne faisant qu'augmenter vos chances
défavorables, quoi que vous fassiez, vous ne pourrez
anéantir le poids de votre capture, c'est lui qui reste
votre ennemi, puisque vous êtes devenu maître des
forces du poisson.

Une fois le poisson dans l'épuisette, vous pouvez respirer... ce que votre émotion ne vous aurait guère permis de faire ! Enveloppé d'un filet, le captif ne peut trouver sur les mailles un point d'appui suffisant pour sauter dehors ; il est pris, et bien pris !

C'est alors qu'il faut se servir du dégorgeoir, s'il est nécessaire. Si, au contraire, pêcheur, vous possédez un moulinet sur votre canne, — ce que nous conseillons toujours, même pour pêcher des goujons, — le poisson ferré fuit, sans obstacle, emportant le dard perfide qui ne le quittera que par malechance et qui doit le ramener dans votre panier.

Ayez soin surtout que le moulinet soit libre et doux, que le fil passe facilement dans les anneaux de la canne, car tant que le poisson en voudra, il faut qu'il l'attire à lui, quarante mètres, cinquante mètres, si vous les avez... Quand il aura tout dévidé, vous serez dans la position du premier pêcheur de tout à l'heure, mais avec cet immense avantage, que le poisson ne pourra même pas tendre le fil que vous lui avez abandonné et qu'il épuisera ses forces bien plus rapidement, le fil formant entre lui et vous, un intermédiaire élastique au dernier degré. La canne, entre vos mains, n'est plus alors qu'un moyen de porter le moulinet, mais rassurez-vous, elle vous servira tout à l'heure.

Le poisson saute, se débat, va, vient, tire sur le fil auquel la force de l'eau ajoute encore son poids... voici les derniers efforts qui arrivent... la ligne flotte, détendue, elle dérive au courant, c'est le moment d'user vivement du moulinet, de repelotonner le fil peu à peu, le poisson flotte ou se tient entre deux eaux, et se laisse doucement attirer à vous. Ne vous y fiez pas, ses forces sont revenues. Il repart avec une ardeur inouïe... mais il use ses derniers efforts... il est à vous !

Manœuvrez cette fois-ci, comme tout à l'heure. Déployez toute la prudence et toute l'adresse dont vous êtes capable pour empêcher que votre captif n'entortille la ligne dans les herbes, les racines, les pierres, et ne se décroche, ce qu'il fait quelquefois quand il est parvenu au bout de la ligne, laissant celle-ci tout entière perdue, et irrécouvrable pour le pêcheur désappointé...

Si cet accident arrive, il faut tirer très doucement, peu à peu, en rendant la main ; souvent le poisson, ranimé par la souffrance, fuit encore et dégage la ligne des obstacles qui la retenaient. En somme, cette position est toujours périlleuse, et au moins fort délicate. Efforcez-vous donc de maintenir la victime en belle eau, même en raidissant un peu la ligne. Car, perdre pour perdre votre poisson, il vaut mieux le perdre *seul*, que perdre la ligne avec.

Arrive enfin le même dénouement que quand on a une canne sans moulinet ; le poisson, à bout de forces, flotte près du rivage, il faut le noyer et le retirer avec les mêmes précautions que tout à l'heure. La durée d'une lutte semblable est plus longue qu'on ne le pense, et certains poissons de forte taille exigent une demi-heure, — ce qui est bien long, — d'efforts pour les capturer. Une belle truite, un saumon, vous emmènent au galop en remontant la rivière où il faut les suivre à toutes jambes, heureux si, au bout d'un kilomètre, ils vous laissent respirer et si, avant ce temps-là, un pont, un arbre, une roche, ne vous ont pas fait briser votre ligne, à moins que vous ne vous soyez mis brusquement à plat ventre, sollicité par une racine perfide ou une pierre roulante, ce qui termine presque toujours la lutte, mais pas à la satisfaction des deux partners !

Il est un précepte qu'il ne faut pas un seul instant oublier, c'est qu'un poisson n'est jamais *trop noyé*, et que si la ligne et l'hameçon ont résisté cinq minutes au *premier assaut*, il n'y a pas de raison pour qu'ils ne résistent une demi-heure, et ne supportent pas le *dernier*.

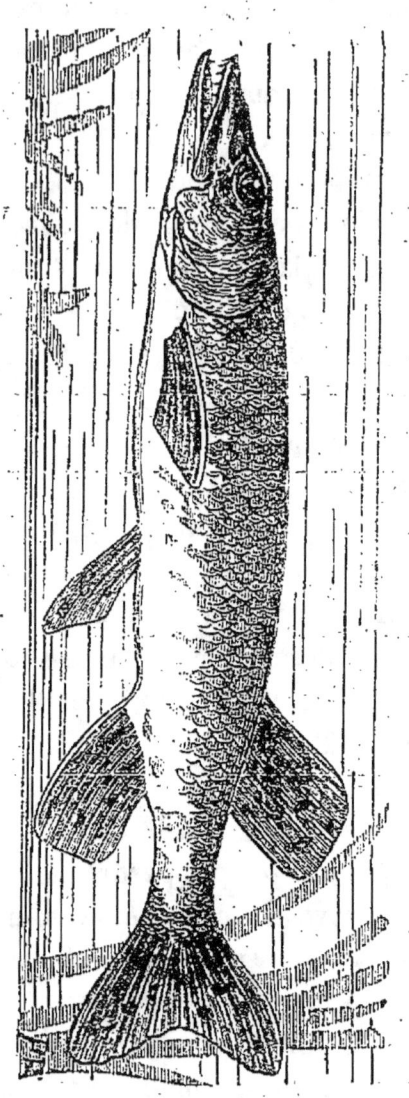

Le Brochet.

La manière de noyer les gros poissons que l'on prend

avec la ligne à la grande volée est un peu différente,
parce que le mécanisme d'une ligne qui a plus de deux
fois la longueur de la canne, — sans la soie du moulinet, — diffère évidemment de celui d'une ligne trois
ou quatre fois plus courte. La force de l'hameçon qui,
dans ce cas, retient le poisson, le nombre des pointes,
si c'est une bricole ou un grappin, tout rassure le pêcheur qui prend moins de précautions.

Presque toujours le poisson pique, gagne le fond et
s'y tient un instant immobile : il faut le maintenir
ainsi, tournant la canne de manière à pouvoir lui conser-
ver toute son élasticité. Laissant alors le poisson prendre
sa course furieuse, le pêcheur suit ses efforts, abandonne ou retire de la ligne au moulinet, selon le besoin,
et conduit son opération comme nous l'avons dit ci-
dessus. Seulement il faut amener ce poisson à terre.

Pour y parvenir, quand toute la ligne est rentrée
sur le moulinet, le pêcheur place sa canne parallèle-
ment, à peu près au fil de l'eau, et, si le terrain le
permet, marche à reculons jusqu'à ce qu'il ait tiré ou
fait sauter le poisson sur la rive, et l'ait traîné sur la
grève assez loin du bord. Il pose alors sa canne et court
au poisson. Si la rive est élevée, il faut qu'il se risque,
et prenant bien son temps, amène à ses pieds le poisson, pose la canne à côté de lui à terre, puis monte
la pièce en prenant le fil le plus bas possible, chaque
fois et sans secousses ; ou bien, si la ligne n'est pas
trop longue, il le fait sauter de loin sur la berge, en
se fiant à la qualité de son scion, pour ne pas casser
tout et perdre son poisson.

De toutes les manières, un compagnon muni d'une bonne épuisette et passant *par hasard* en ce moment serait le meilleur envoi que l'on pût souhaiter.

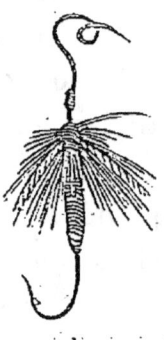

DEUXIÈME PARTIE

POISSONS DE PROIE

XVI

LE BROCHET

Longueur maximum : 1 an, 0ᵐ,25 à 0ᵐ,30 ; — 2 ans, 0ᵐ,36 à 0ᵐ,42 ; — 3 ans, 0ᵐ,55 à 0ᵐ,60 ; — 6 ans, 1ᵐ ; — 12 ans, 1ᵐ,35.

Tête grosse, longue, aplatie antérieurement en bec de canard, gueule énorme, et fendue jusqu'au-dessous des yeux, garnie de 700 dents crochues en arrière, formant partie des mâchoires, et de dents palatines en nombre indéterminé.

De petits os maxillaires, garnis de dents pointues, se trouvent au milieu de la mâchoire supérieure, dont ils forment les deux tiers, mais les maxillaires qui occupent les côtés, n'ont pas de dents. Le vomer, les palatins, la langue, les pharyngiens et les arceaux des branchies sont hérissés de dents en carde ; sur les côtés de la mâchoire inférieure est, en outre, une série de longues dents pointues.

Le brochet est remarquable par son corps allongé, presque carré ; se terminant en cône court, à partir de la dorsale. Dos noir verdâtre ou bleuâtre, côtes bleuâtres ou verdâtres, mouchetées de taches blanches ou jaunes, s'étendant au ventre, qui est de cette couleur.

Dorsale brune, tachetée de noir, ainsi que la caudale et l'anale, où les taches sont plus petites.

Le brochet habite les fleuves, rivières, lacs et étangs de toute l'Europe. Sa croissance est très rapide, sa longévité très grande (200 ans). C'est le plus vorace des poissons d'eau douce ; il se nourrit d'animaux presque aussi gros que lui : poissons, reptiles, oiseaux, mammifères, etc., etc. Quand l'animal ou la proie sur laquelle il s'est élancé lui offre un trop gros volume, il la saisit par la tête, la retient, entre ses mille dents crochues, qui ne lui permettent pas d'ailleurs de la lâcher, et attend ainsi que la partie engloutie de sa victime soit ramollie sous les contractions de son vaste œsophage, et alors il aspire le reste et l'engloutit. S'il prend une perche ou un autre poisson épineux, il le serre dans sa gueule, qui présente une force étonnante, le tient ainsi hors d'état de se mouvoir, et l'écrase, ou attend qu'il meure de ses blessures, pour l'avaler.

Si, dans son élan terrible, il manque d'engloutir un poisson, son coup de dent est si soudain, qu'il coupe un morceau de cet animal comme avec un rasoir. Nous

avons pris aux lignes de fond, des poissons ainsi atta-
qués par le brochet après qu'ils s'étaient accrochés aux
hameçons, et dont le corps était coupé de biais, aussi
net qu'avec un couperet.

La voracité de l'anguille est proverbiale, mais celle
du brochet n'est pas moins remarquable. Dans le lac
de Lucerne, l'anguille devient souvent la proie de
brochets monstrueux.

Les brochets ne vont pas de compagnie, cependant
ils se rassemblent en assez grand nombre, en mars et
avril, qui est l'époque du frai. On les rencontre ordinairement deux par deux, mâle et femelle, se suivant
à l'époque des amours.

Le brochet nage avec une grande vigueur et une
rapidité remarquable. Ses organes propulseurs, dorsale et caudale, reculés en arrière, le lancent en avant
comme une flèche, même hors de l'eau, pour atteindre
sa proie. La chair de ce poisson est estimée, elle passe
après celle de la perche ; mais elle est ferme, blanche
et sans trop d'arêtes, surtout quand l'individu a trois
ou quatre ans.

Nous venons de dire que ce poisson est très vorace
et se jette avidement sur les appâts qu'on lui présente ; cependant cette voracité a ses heures et ses
caprices. Le pêcheur doit connaître les unes et déjouer
les seconds, ce qui n'est pas toujours facile.

Le brochet, ayant la gueule garnie d'un très grand
nombre de dents, couperait le plus souvent l'empile
si elle était faite en florence ou en crin. Aussi est-on
obligé d'avoir recours à la corde filée ou au fil de lai-

ton fin et recuit, dont on construit des chaînettes. Le brochet donne sur tous les appâts, mais de préférence sur les petits poissons vifs, les grenouilles, et toute proie vivante.

Pour le pêcher, on se sert ordinairement de bricoles ou hameçons doubles, un peu forts, afin d'offrir de la résistance aux efforts de ce poisson, très robuste. Quand le brochet a mordu à une amorce, on ne doit pas se presser de ferrer; il ne lâche jamais sa proie, mais il l'emporte souvent fort loin pour l'avaler à son aise.

Il est donc bon de la lui laisser entraîner librement, et de ferrer ensuite ferme, autant que le permet la force de la ligne ou de la bricole dans une bouche armée et dure comme celle du brochet, car on peut ne rencontrer que des parties solides sur lesquelles il faut toujours craindre que la pointe de l'hameçon ne puisse pas assez mordre.

La meilleure époque pour pêcher le brochet à la ligne est le mois d'octobre; on commence dès septembre et on finit en décembre. Quand le temps est doux, le vent au midi, la pêche est bonne, le brochet s'agite, mord et chasse; mais si le vent tourne au nord, plus de pêche, le brochet est au fond, près des sources chaudes et il n'en bougera pas, il n'a plus faim. Car, comme toutes les espèces carnivores, s'il peut manger d'une façon effrayante, il sait jeûner d'une manière miraculeuse, et il ne s'en fait pas faute, malgré lui, quand la saison de la bise est venue.

Toutes les fois que le pêcheur aura pris un brochet, surtout si celui-ci est un peu gros, il fera sagement de se servir du dégorgeoir pour extraire l'hameçon ou

la bricole de la gueule du poisson; il fera encore sagement de n'y pas mettre les doigts, parce que la forme recourbée et crochue des 700 dents qui garnissent les mâchoires rendent la position très difficile; on y entre facilement, mais on n'en sort pas de même, surtout sans avarie à sa peau; sans compter que les dents, qui peuvent être enduites de matières étrangères, les déposent dans la plaie, laquelle, dans ce cas, risque de ne pas être très saine.

Rien de plus facile que de s'apercevoir si une rivière ou un étang contient des brochets. De temps en temps une traînée de poudre paraît s'enflammer à la surface de l'eau, une gerbe de petits poissons brillants s'élance et semble l'épanouissement d'un sillon à peine visible sur l'eau. C'est le brochet qui chasse : les petits poissons quittent l'eau pour l'air et fuient, mais en vain, la dent meurtrière qui les déchire les uns après les autres.

C'est, du reste, le seul poisson qui inspire aux autres animaux de sa classe assez de frayeur pour les chasser de leur élément. La truite chasse, mais c'est elle qui bondit hors de l'eau après les insectes, ou, comme une flèche, va saisir le goujon novice ou l'ablette imprudente; la perche gloutonne chasse également autour des touffes de roseaux. Le brochet seul inspire cette épouvante, et fait jaillir les petits poissons en l'air comme les étincelles que tire l'acier de la meule du rémouleur.

Le brochet, au reste, se trouve partout. Les étangs les mieux fermés finissent par en contenir sans qu'on en ait voulu mettre. Les oiseaux aquatiques se chargent de ce transport, en gardant, attachés à leurs pattes et à leurs plumes, les œufs gluants du terrible destructeur. Il est comme la mauvaise herbe, il prend partout. Il est probable, de plus, que la propriété purgative des œufs du brochet n'a pas été attachée en vain à ces organes par la nature qui ne fait rien d'inutile. Cette vertu permet aux œufs de n'être pas digérés par les oiseaux qui les mangent et les emportent intacts dans leurs intestins pour les aller semer un peu plus loin où souvent l'homme n'avait pas besoin de l'hôte importun qui en naîtra.

La voracité des brochets s'exerce sur toutes choses qui touchent à l'eau ou qui sont charriées par elle; aussi, n'y regardant pas de trop près, est-il exposé à une foule de méprises dont la digestion pourrait être trop longue et l'accumulation dans son estomac indigeste. C'est pourquoi la nature lui a donné, comme à tous les poissons en général, mais surtout aux poissons voraces, la propriété de rejeter les aliments avec la plus grande facilité. Le brochet n'en est pas encore au même point que la morue qui, dit-on, vomit son estomac, le lave, le retourne et le remet en place sans qu'il y paraisse autrement, prête à recommencer quand

l'occasion s'en présentera, ou quand le besoin s'en fera
sentir. Mais, sans être de cette force, le brochet possède un fort joli talent : aussi, à la moindre atteinte
de l'hameçon ou de la bricole, s'empresse-t-il de la
restituer, et comme sa gueule et son gosier sont d'une
énorme dimension et capables de se distendre à vo-
lonté, il parviendrait souvent à se dégager si le pêcheur
ne faisait judicieusement choix d'hameçons et de bricoles de petites dimensions, mais surtout munis de
pointes très effilées. C'est avec d'autant plus de raison
qu'en entrant comme en sortant, le fer a plus de
chances de rencontrer un corps dur, dans cette gueule,
qu'une partie charnue où enfoncer sa pointe. Il vaut
donc mieux aller plus loin prendre son point d'appui,
dans l'estomac. On peut résumer la monture des lignes
pour le brochet en disant : Monture solide, hameçons
petits, solides et acérés.

La position habituelle du brochet est un des obstacles les plus sérieux à vaincre pour le pêcheur. Le brochet n'approche de la rive que quand il fait très chaud,
en été, et qu'il y vient dormir à fleur d'eau, au soleil.
Quand il chasse, c'est le moment où il mord ; il ne le
fait qu'en pleine eau, au milieu de la rivière ou de
l'étang. C'est donc là que le pêcheur doit l'aller chercher, et ce n'est pas toujours chose facile.

Il faut se munir d'une canne longue et forte le plus
possible, terminée par un scion solide et flexible, mais
un peu raide. Comme il n'est pas du tout nécessaire
de tenir la canne à la main, elle peut avoir d'énormes
dimensions, et ces cannes gigantesques sont les meil-

leures. On peut les faire en bois peint ; quand on a, par leur moyen, lancé l'amorce au milieu de la rivière, on laisse la canne couchée moitié sur la rive, moitié sur l'eau, qui la porte, ou bien on la met sur des fourches, si la rive est élevée. Alors le pêcheur s'assied commodément, et quand il a installé deux ou trois cannes au plus à portée de son œil et de son bras, il attend que sire brochet veuille bien s'asseoir au banquet auquel il est convié.

Il faut, en outre, être muni d'une boîte à amorces vives, de petits poissons, d'une aiguille à amorcer et enferrer les petits poissons en choisissant la méthode qui semble la plus expéditive et la plus commode.

La ligne à brochet est, d'ailleurs, décrite en détail. La pêche du brochet, en elle-même, n'est pas difficile, car ce poisson ne brille ni par sa défiance, ni par ses ruses. Confiant dans ses forces et poussé par son insatiable gloutonnerie, il s'élance, pour ainsi dire, sans regarder, sur la proie qui lui semble à sa portée. C'est surtout dans les endroits tranquilles, près des remous paresseux, des eaux amorties, autour des grandes touffes de roseaux et des herbes, qu'il rôde lentement, s'élance comme une flèche quand il voit l'occasion favorable. Il s'embusque également sous les racines des bords profonds, parmi le chevelu des herbes pendantes sur la rivière. Si de là il aperçoit l'amorce vivante dont les allures lui semblent entravées, et par conséquent offrant une proie facile et incapable d'une fuite sérieuse, il bondira, et d'un seul coup engloutira l'amorce, l'hameçon, et souvent 0^m,10 à 0^m,15 de l'empile. C'est alors qu'il faut se féliciter d'avoir employé la corde filée et de tenir en main une gaule solide et une ligne résistante, car la bataille sérieuse commence, mais cette fois entre le pêcheur et le brochet. Avec un peu d'adresse, elle se termine toujours par une victoire pour le pêcheur. La résistance du brochet est brutale, furieuse, aveugle, mais peu longue; il est facilement réduit et ne ruse jamais. Agissez donc en connaissance de cause.

Le brochet chasse généralement le matin et vers le soir; c'est le moment où il faut aller le pêcher. Dans l'été, il ne mord guère, et passe la journée au soleil, à se chauffer ou à dormir. L'abondance des petits poissons, qu'il hume en passant, fait qu'il dédaigne ceux qu'on serait tenté de lui offrir avec un hameçon comme condiment; aussi le pêcheur change-t-il de tactique dans les longs jours de la canicule. Il pêche alors au collet. On prend, pour cela, une perche d'un bois léger de 3 mètres de longueur; on attache à l'extrémité un collet de crin de cheval en six doubles, ou un collet en fil de laiton. On ouvre ce collet le long de la perche et non en travers.

Si le temps est beau et limpide, on se promène le long de la rivière et l'on voit le brochet qui dort. On s'en approche alors en silence pour éviter de le réveiller; on peut l'approcher, presque toujours, à le toucher avec la perche. Quand on est bien placé, on passe adroitement le collet, formant nœud coulant, sous le poisson, *sans le toucher,* autant que possible; on s'arrête un peu au delà des ouïes, vers le point

d'équilibre du corps entier, et d'un coup sec en relevant, on l'enlève tout d'un coup hors de l'eau pour le
lancer derrière soi, sur la prairie.

Le brochet ne s'échappe pas quand on le touche, il
ne fuit qu'au bruit. Certains pêcheurs même sont tellement adroits, qu'en touchant légèrement le poisson à
certaines parties du corps, ils le font tourner jusqu'à
ce qu'il soit convenablement placé pour passer le collet.
Cette pêche se fait depuis le mois de février jusqu'au
mois d'août.

Ligne à Brochet.

Si la voracité du brochet le rend facile à prendre à
la ligne, d'un autre côté l'armure de ses mâchoires et
la dimension souvent respectable de sa personne exigent des engins d'une forme et d'une nature particulières. Tous les poissons ont la faculté de rejeter un
aliment qu'ils viennent de prendre, et cette faculté
semble être chez eux en proportion de leur voracité;
il devait en être ainsi, puisque les plus gloutons sont
exposés le plus souvent à se tromper et à ingérer dans
leur estomac une foule de substances inassimilables.

Le brochet, le chevesne, rejettent ce qu'ils viennent
d'avaler à la moindre tension suspecte ; au contact de
la ligne, tout est dehors, hameçon et appât, et comme
leur gueule, leur œsophage sont très larges, il y a
beaucoup de chances que l'hameçon ressorte sans
avoir rien attrapé de sa pointe. Aussi double-t-on et
triple-t-on les chances en doublant et triplant les

pointes, c'est-à-dire en employant les bricoles et les grappins. Ainsi donc, toute ligne à brochet sera terminée par un grappin ou une bricole au moins, solidement empilée par une ligature de soie poissée, sur une empile de corde filée d'au moins 0^m,45 de longueur. Car quand le brochet a englouti le poisson vif dans son large estomac, sa bouche est garnie d'un tel *luxe* de dents, qu'en refermant ses mâchoires, il couperait d'un seul coup la florence la plus forte et la mieux choisie. Plus elle sera grosse, mieux il la coupera ; deux ou trois très fines et non cordées lui résisteraient mieux, parce qu'elles peuvent passer entre ses dents; mais ce qui lui résiste bien, quand on n'a pas de corde filée ou de fil d'archal, c'est tout simplement une empile de chanvre comme pour l'anguille.

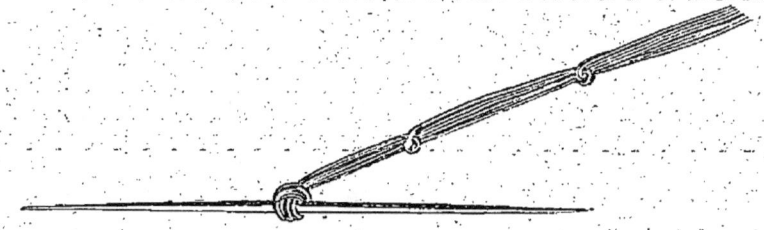

L'autre extrémité de l'empile sera montée par une bonne boucle garnie de soie passée à l'anneau mobile d'un émérillon ; on fixera l'anneau qui ne s'ouvre pas à l'extrémité de la ligne elle-même, et de cette manière, l'empile sera libre quand on aura besoin de la faire passer au moyen de la quille à enferrer dans le

corps du poisson vif. Quant au corps de ligne propre-

ment dit, on comprend qu'il doit être solide, aussi le
fait-on en fort cordonnet de soie bien dévrillée, peint
et verni. En général, on prend ce cordonnet plus fort
que moins, et de la grosseur d'une petite paille de
blé, car il n'est pas besoin de dissimuler bien adroitement le piège à un poisson plus gourmand que fin
et qui, confiant dans sa force brutale, ne s'occupe pas
si, *à de certains cordons*, la bête qu'il convoite *se tient
par la patte.*

On peut faire la ligne en cordonnet de lin ou de chanvre, mais celui-ci est moins fort à grosseur
égale et dure moins longtemps,
parce qu'il pourrit très aisément.
Dans tous les cas, ce n'est point un
mal de terminer la ligne, avant l'émérillon, par une avance de un mètre
au moins de forte florence tordue en
deux ou trois. Excès de précaution, à
la pêche, ne nuit pas souvent.

Il est utile encore d'avoir à sa
canne un bon moulinet, car s'il ne
se défend pas longtemps, le brochet
a un premier mouvement de rage
qui n'est pas sans mérite. On n'ou-
bliera pas non plus une forte épuis-
sette. Quelque solidement monté
qu'il soit, rien n'assure le pêcheur
qu'il accrochera le brochet par l'estomac ; mais, dans
tous les cas, plus il se servira de bricoles minces,

plus il aura de chances de prise, mais plus il aura nécessité l'intervention de l'épuisette.

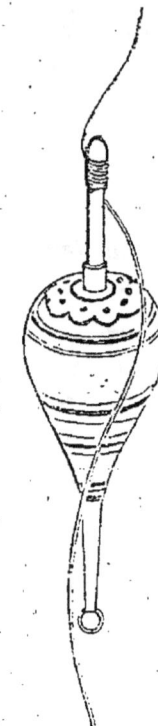

Nous arrivons à la flotte. Le brochet se tient à mi-hauteur de l'eau, il veut pouvoir surveiller le dessus et le dessous, et tenir le tout à sa portée. La flotte sera donc placée de manière à assurer au poisson vif une position intermédiaire. Or, cette flotte a beaucoup de choses à porter, et devra nécessairement être forte, car elle soutiendra le grappin et sa monture métallique, l'émérillon, assez de plomb pour que le poisson vif ne puisse remonter à la surface de l'eau. Il faut donc ne pas craindre de la choisir solide, et celles qu'on emploie sont de la grosseur d'une poire moyenne, afin qu'elles résistent bien aux mouvements de traction du poisson-appât.

Nous avons vu, à l'article *canne*, que la demeure du brochet était loin du bord, et qu'il fallait y envoyer facilement l'amorce ; une assez grande longueur de la ligne trempera donc dans l'eau, et faisant bannière renversée entre la flotte et le scion, elle forcera, par son poids, celui-ci de se rapprocher peu à peu de celui-là ; enfin, en s'enfonçant de plus en plus dans l'eau, elle s'arrêtera aux herbes, aux racines, et pourra compromettre le succès de la pêche ; il faut remédier à cela et soutenir toute cette bannière hors de l'eau. On y parvient en chargeant la ligne de deux ou trois pe-

7

tites flottes supplémentaires, grosses comme des olive.es
et qu'on appelle *postillons*. On les place en arrière dde
la flotte principale et on les espace de manière à à
partager approximativement en parties égales l'es.s-
pace que l'on suppose devoir exister entre la flotte eel
la rive.

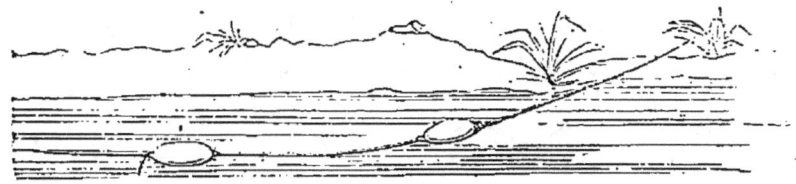

Quand on tend plusieurs lignes à brochet, — ce quui
est la meilleure manière de faire une bonne pêchee,
car ce poisson est relativement plus rare que les autre·es
dans les rivières où il habite, — il arrive que, ne pouu-
vant les surveiller sans relâche, le poisson vif, qui nagge
sans cesse et sent ce que sa position a de hasardéé,
cherche à s'introduire entre les herbes et les joncs; i il
n'aime pas à rester en vue. Il réussit presque toujounrs
à se cacher, et en même temps à emmêler la ligne dde
façon que souvent le pêcheur perd tout à la fois. Pouur
éviter cela, on peut disposer sa ligne de la manièrre
suivante : il faut se munir de baguettes très légère·es
d'osier, de coudrier ou de tremble, dont on fendra l·le
petit bout; ces baguettes auront deux ou trois mètre·es
de long et serviront tout simplement à éloigner la flotlite
du rivage. La ligne, maintenue ainsi par la fente de l·la
baguette, n'aura plus qu'un mouvement très restreinnt
de rotation à laisser faire au poisson vif, et à l'autr·re

extrémité, celle qui vient à terre, pourra être attachée à une branche flexible, à un grelot ou à une bobine, qui amortira les bonds du poisson pris et empêchera que le tout puisse être brisé.

Malheureusement les baguettes piquées dans la rive sont bien courtes pour la majeure partie des rivières où la pêche au brochet se fait par-dessus des masses énormes de joncs et de roseaux ; il faudrait les allonger jusqu'à en faire de véritables cannes à pêche, et c'est le moyen le plus sûr dans la majeure partie des endroits. On se construit trois ou quatre bonnes et solides cannes en roseau, que l'on tend l'une à côté de l'autre, et que l'on peut surveiller d'un coup d'œil ; on a un pliant, et l'on attend que la chance soit favorable.

C'est ici le lieu de dire un mot de la grosseur des poissons qui servent d'appât au brochet. Dans quelque lieu que l'on pêche ce poisson, il faut bien se souvenir que si un petit brochet n'attaque pas un gros poisson-appât, en revanche un gros brochet ramasse tout ce qu'il rencontre, et ne dédaigne pas du tout une proie assurée qui semble de trop petite taille pour son appétit. Par conséquent, on doit pêcher, en général, au brochet de grosseur moyenne et choisir le poisson vif en proportion ; un appât de 0^m,10 à 0^m,12 de longueur est déjà capable de servir de pâture à un brochet d'une belle corpulence.

Quoique glouton on peut être gourmet, le brochet en est un exemple ; il aime à varier son ordinaire, mais cependant, sans faire de trop grands écarts de régime. Dans les étangs où il vit avec des carpes, on peut lui en donner, il en sait la valeur, et elles ont pour le pêcheur l'avantage de vivre longtemps, mais il ne dédaignera pas le goujon ni même le gardon.

Dans les rivières à cours lent et profond, à bords herbeux, eaux où il pullule et se plaît, il mangera volontiers le gardon, mais toujours et surtout le goujon, aussi le petit chevesne, le dard, et toujours le pauvre véron qui lui semble une friandise, un entre-mets sans conséquence, mais dont il goûte toute la délicatesse.

L'ablette sert à défaut de mets plus délicat, la grenouille, que l'on laisse aller à fleur d'eau sans plomb, un petit oiseau nouvellement éclos...., tout lui est bon: les petites lamproies, les sangsues..., le simple ver rouge, qu'il attaque quelquefois ! La perchette sert encore, mais il faut lui couper les aiguillons du dos, et il paraît que maître Brochet y voit assez clair pour s'assurer que ce hérisson a fait dos de velours..... ce qui me semble bien difficile, vu la rapidité avec laquelle il s'élance. — Mais enfin, c'est un article de foi chez le pêcheur, je le donne pour ce qu'il vaut !

XIX

LA PERCHE

Longueur maximum : 0^m, 40 à 0^m, 50.

Corps oblong, comprimé, assez épais, vert bronze clair, avec 4 à 5 bandes transversales vert bronze foncé. Yeux grands, noirs, opercule terminé en arrière par une pointe aiguë et couvert de plusieurs rangs de petites écailles en avant.

Première dorsale verdâtre transparente de 15 rayons portant en arrière une tache noire. Deuxième dorsale de 14 rayons. Pectorales de 14, ventrales de 6, et anales rouges, celles-ci de 10 rayons, dont les deux premiers seulement épineux. Caudale de 17 rayons, peu découpée et lavée de rougâtre. Dents petites, langue lisse.

Chez quelques individus, les larges bandes verticales noirâtres ressemblent plutôt à des reflets se présentant sous certaines incidences de lumière. Chez d'autres, ces bandes sont à peine visibles. Elles s'effacent chez tous à mesure que le poisson est depuis plus longtemps hors de l'eau ; elles sont ordinairement inégales en longueur.

La chair de la perche est une des meilleures des poissons d'eau douce, elle est ferme, blanche, de bon goût et de facile digestion. C'est un animal qui n'arrive jamais à une grandeur considérable, une perche de 2 kilog. est un phénix très rare, les plus belles pèsent 1 kilog. à 1 kilog. 500.

Peu de poissons sont aussi bien armés pour l'attaque par ses sauts, et pour la défense par ses nageoires dorsales et anales et ses opercules. C'est un poisson carnassier au premier chef, mais il trouve son maître dans les eaux où il habite, — et il se tient partout où l'eau est claire, et le petit poisson abondant, — ce maître, c'est le brochet. Si on le nomme le lion des eaux douces, la perche sera assimilée au tigre ou à la panthère, et sa robe barrée sera un point de plus de rapprochement. Cependant, la perche barrée est si bien armée, qu'il faut au brochet une faim terrible pour l'attaquer : et cependant, il le fait avec succès ; il semble même aimer ce poisson, puisque beaucoup de pêcheurs amorcent leurs bricoles avec des petites perches auxquelles ils prennent soin de couper la dorsale et l'anale.

La perche a de plus, pour ennemis les oiseaux d'eau, plongeons, harles, et canards, qui lui font une chasse très active. Rudolphi a compté six espèces de vers intestinaux vivant dans ses viscères. Enfin, le tonnerre et les éclairs font périr un grand nombre de perches. La perche préfère, dans une rivière, les *côtés* du cou-

rant aux parties rapides du fil de l'eau ; et elle se nourrit indistinctement d'insectes, de vers et de petits poissons ; elle s'élance hors de l'eau, pour saisir en été, les
cousins, tipules, etc.

La perche se tient généralement près de la surface,
à un mètre environ de profondeur, elle profite, pour
s'embusquer, des touffes de plantes aquatiques, des anfractuosités du bord, elle contourne doucement et cau-
teleusement le rivage, et tout à coup s'élance comme
un trait sur les petits poissons qui passent à sa portée
ou qui sont surpris par elle hors de leurs refuges.
Patiente, rusée, défiante, la perche épie, chasse : elle
fait penser au chat...., elle en a en même temps la
souplesse.

Pour pêcher la perche, il faut une ligne forte mais
mince ; ce poisson une fois pris ne se défend pas, il est
sur le pré avant d'avoir fait des efforts sérieux. Il faut
une ligne mince pour endormir sa méfiance, et tromper sa gloutonnerie. Un seul brin de florence suffit,
mais il faut en faire une avancée d'au moins 2 mètres.
La perche cependant emploie un bon moyen pour se
remettre en liberté, elle s'efforce quand elle est prise
de couper la monture de l'hameçon avec ses dents.
Malgré cela, nous osons pêcher la perche sur un ou
deux crins, et nous en prenons plus qu'avec la florence
dont le brillant lui fait peur. Il faut faire choix d'une
flotte qui soit la plus petite possible et parfaitement
équilibrée pour se tenir verticalement dans l'eau, afin
que le pêcheur soit constamment averti de l'attaque de
la perche, attaque quelquefois comme foudroyante.

Ordinairement elle attaque par une ou deux se-cousses, et plonge franchement, emportant la flotte sous l'eau ; c'est une attaque à laquelle on ne se mé-prend pas, quand on l'a vue quelquefois. Pour pêcher la perche, on se sert du ver rouge *le plus vif possible*, et que l'on renouvelle souvent pour qu'il frétille sans cesse. On emploie également de petites grenouilles que l'on laisse nager et que l'on enferre par la peau du dos sur un hameçon n° 4, ou de petits vérons quand on pêche au vif. Les pattes d'écrevisses crues font éga-lement bien ; à défaut de vérons, on prend le gardon, le goujon, l'ablette, etc.

Les grosses perches se tiennent ordinairement plus au fond ; il faut les pêcher au vif avec une bricole de deux hameçons n°s 9 à 12, on l'empile sur une très forte florence, ou une corde de crin en six brins. Le meilleur moment pour pêcher la perche est en août, le matin au point du jour, Masqué par un gros arbre, le pêcheur fera passer sa canne par-dessus les roseaux et laissera descendre dans l'eau sa ligne toute en flo-rence, ou mieux en crin et sans flotte aucune, si l'eau est très claire. Puis quand l'esche du ver rouge qu'il a mis à l'hameçon sera descendue jusqu'au fond de l'eau, il la fera remonter à la surface en élevant la main et le bout du scion, puis la laissant redescendre la fera remonter, et ainsi de suite, par un mouvement lent et régulier.

Le ver frétillant dans l'eau claire est un appel sédui-sant, auquel ne résistent pas les perches des environs, elles arrivent sans méfiance, car elles ne voient ni plume ni bouchon. Le pêcheur n'a pour se guider que la sensibilité de son tact, il sent à la tension du fil de la ligne que la perche tient le ver, l'attaque, et qu'il faut ferrer parce qu'elle l'entraîne ; il faut remarquer que c'est surtout en remontant le ver, que l'on sent le mieux la résistance du poisson qui se laisse entraîner. Cette manière de pêcher, que l'on nomme souvent *pêche à la branlette*, rapporte plus de perches moyennes et petites que de grosses qui ne s'y laissent pas prendre. Pour les avoir, il faut escher vif une petite bricole de deux n°s 12, avec un véron que l'on ne lance pas comme les esches ordinaires, mais qu'on laisse tomber doucement aux places où la perche

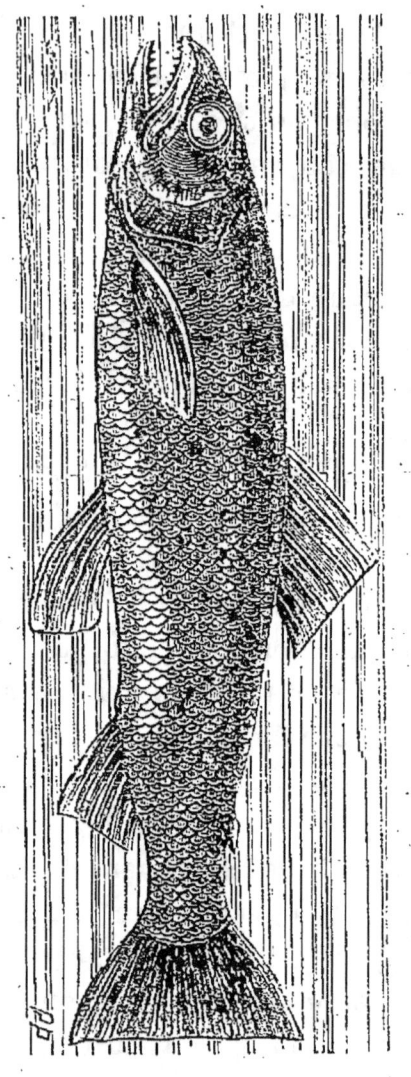

Le Saumon

se tient le plus volontiers, c'est-à-dire entre les roseaux qui bordent les rives, ou un peu en avant d'eux, sous les roches avancées dans l'eau, entre les racines des gros arbres. On doit souvent changer de place à cette pêche, parce qu'il faut aller chercher le poisson ; mais si l'on vient de manquer une perche en un endroit, il faut y retendre de suite, elle est assez vorace et peu prévoyante pour y retourner le plus souvent.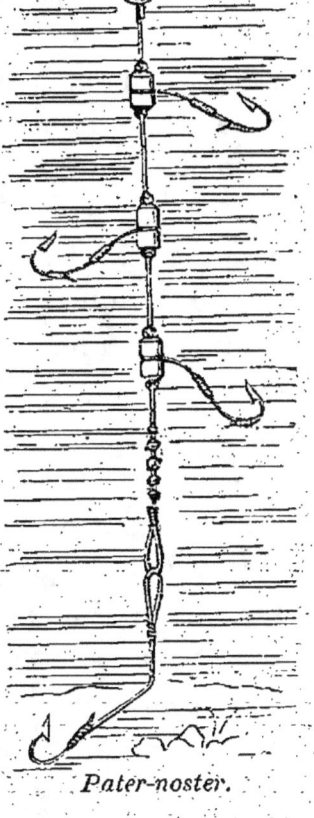

La perche se prend parfaitement bien aux *pater-noster*, aux jeux et au *grelot* ; quand l'eau monte, on la prend aux cordées de fond, elle suit alors les petits poissons qui gagnent la rive.

Dans tous les cas, il ne faut pas ferrer la perche trop fort, car elle a la bouche tendre, et si elle n'est accrochée qu'au palais et aux lèvres, ce qui arrive souvent,

Pater-noster.

elle achève en se débattant de déchirer la peau et s'échappe. Nous conseillons donc toujours une bricole, mais très petite, car la perche est sensible, et quand les deux dards seront pris, il est peu probable qu'elle fasse des efforts assez violents pour se décrocher ; elle tire fortement, mais elle ne bondit généralement pas, et les poissons qui bondissent sont ceux réellement difficiles à noyer.

Pendant les jours orageux et chauds de l'été, quand souffle le vent du midi, la perche chasse toute la journée; dans les autres jours, elle mord beaucoup le matin, un peu le soir, point le jour. De novembre en février, suivant la température, elle ne mord plus aux esches, à moins que le temps soit très doux et qu'on ne la pêche qu'au vif.

Quand l'endroit où l'on pêche présente un grand fond d'eau, on peut mettre plusieurs hameçons à sa ligne : de 2 à 4 ou 5. On empile ces hameçons sur des soies de sanglier placées à 0^m, 50 l'une au-dessus de l'autre, ou mieux on se sert d'une ligne de paternoster, ainsi qu'on le fait dans les docks de Londres, où la perche est très abondante et où l'on en prend ainsi de grandes quantités.

La plupart des pêcheurs choisissent un hameçon assez fort pour prendre la perche, — en général des n°s 4 ou 5, — nous sommes d'un avis absolument différent, et nous fondant sur le peu de résistance des membranes qui revêtent la gueule de la perche, nous cherchons à la prendre par l'estomac et nous y réussissons en nous servant d'hameçon limericks-palette n° 10 à 12, avec lesquels nous avons pris et ramené des perches de 1 à 2 kilog.

XX

LE SAUMON

Longueur maximum : 2 mètres.

C'est la plus grande espèce du genre ; elle a la chair rouge, et porte des taches irrégulières brunes qui s'effacent rapidement après séjour dans l'eau douce. Sa pêche est très importante dans les pays septentrionaux, où l'on en sale et en fume beaucoup.

Ce qui distingue ce poisson de toutes les truites de mer qui lui ressemblent comme forme et comme grandeur, c'est qu'il n'a jamais de dents au vomer.

Le saumon, comme la truite, est un poisson qui manque d'élégance dans la tête : si les pêcheurs ne voyaient, à travers ses formes, la succulente chair qu'il promet à leur souper, ils n'hésiteraient pas un instant à dire que le saumon est un laid poisson. Sa tête massive, arrondie, sans modelé, son œil petit rappelant celui du porc, tout cet ensemble est lourd, brutal, et disgracieux. Les mœurs ressemblent, du reste, à ce portrait ; qui a observé les saumons et les truites en

liberté dans les grands bassins des établissements de
pisciculture en vient bientôt à les considérer comme
les poissons les plus voraces, les plus brutaux et les
plus dénués d'intelligence qu'il y ait. Ce sont des *mâchoires organisées*, et voilà tout. Le vieux Jack, — le
brochet lui-même, — n'est pas plus hideux avec son
bec de crocodile en miniature.

   La robe du saumon est différente, suivant qu'il monte
de la mer ou qu'il redescend des fleuves. Son dos est
toujours bleu d'acier, ses flancs argentés avec des
taches noires, irrégulières, disséminées comme au
hasard sur la tête et les opercules. La surface du corps
est quelquefois, même presque toujours, nuancée de
nuages bleuâtres, obscures, plus ou moins fugaces
après la mort. En parure de noces, le ventre s'em-
pourpre ainsi que la base et la pointe de presque toutes
les nageoires, excepté la dorsale et les pectorales.

   Le saumon mâle, après avoir séjourné quelque
temps dans les rivières, devient verdâtre sur le dos,
avec les flancs jaune obscur. Les taches sont noires,
entourées de rouge sombre, la queue échancrée légèrement en croissant. Toutes les nageoires sont vertes.

   La femelle, après le frai, alors qu'elle a séjourné
longtemps dans les rivières, a le corps maigre, affaissé
et allongé. Le dos est vert pâle, les flancs jaunes, le
ventre blanc, les taches rouges et brunes sans auréole;
la caudale et la dorsale vert jaune pâle tachetées fortement, les autres nageoires brunes bleuâtres.

   Alors que les saumons entrent dans les rivières, ils
portent encore la brillante livrée de la mer. Dos brun-

vert foncé, flancs et ventre argentés, taches brun noir sans auréoles, irrégulières. La caudale, la dorsale, l'adipeuse, la pectorale, vert noir ; ventrales et anale, jaune rougeâtre.

Le saumon, jeune ou vieux, quitte la mer au commencement du printemps et entre par troupes dans les fleuves ; il nage ordinairement à la surface de l'eau qu'il agite violemment, sa rapidité est très grande, 40 lieues à l'heure, dans les moments de danger ; des digues de 4 à 5 mètres de hauteur ne peuvent l'arrêter. Il les franchit en courbant son dos en arc et le débandant avec la force d'un ressort. Le choc contre l'eau suffit pour enlever l'animal à une grande hauteur dans les airs. C'est ainsi que ce poisson remonte les fleuves et même les petites rivières, — dès le mois d'octobre en Bretagne, — et vient frayer dans les eaux limpides à fond de sable et de gravier, souvent jusque dans les ruisseaux.

Les œufs sont déposés au fond d'un trou, de $0^m,15$ à $0^m,20$ de profondeur moyenne, creusé dans le sable par la femelle aidée du mâle : souvent, au lieu de trous, les deux animaux formant le couple, creusent, au moyen des abdominales et caudales, des sillons longs de 2 à 3 mètres, larges de $0^m,08$ à $0^m,10$, au fond desquels ils déposent les œufs et les fécondent. Comme ces sillons sont placés au plus fort du courant, ils les recouvrent de sable, et même, assure-t-on, les entourent de petites pierres en forme de rempart contre la force de l'eau.

C'est de novembre en décembre qu'a lieu ordinairement la ponte.

Le saumon vit d'insectes, de vers et de jeunes poissons, il saisit la proie avec une grande agilité et saute
en l'air pour la prendre, au vol, avec la rapidité d'une
flèche.

Les papillons sont surtout de son goût.

Le saumon est le roi des rivières du nord ; déjà dans
la zone tempérée, il devient plus rare, pour cesser
tout à fait d'habiter les pays chauds. Cette disposition
climatérique n'est pas seulement propre à l'Europe,
elle se retrouve identique en Amérique. Pour se rendre
compte de ces curieuses délimitations d'espèces, il
suffit de comparer l'abondance du saumon en Norvège
et en Écosse avec sa rareté dans notre pays et son
absence en Afrique. Les dernières stations de ce magnifique poisson paraissent être les fleuves et rivières
de l'Espagne qui versent leurs eaux dans l'Océan atlan-
tique, et surtout dans le golfe de Gascogne.

Quant à la Méditerranée, ses eaux, sans doute trop
salées et trop chaudes, ne conviennent point au saumon.
Remarquons que l'abondance du saumon dans le bas-
sin de la Gironde et de ses affluents ne semble pas
avoir autant diminué que dans certaines localités plus
septentrionales de la France, la Bretagne, par exemple.

Dans notre France, le saumon est un habitant de
tous nos grands fleuves, excepté du Rhône qui se jette
dans la Méditerranée, — et certains d'entre eux,
comme la Garonne, la Dordogne, et la Loire, sont re-
marquables par les pêches que ce poisson alimente. Il
remonte fort haut leur cours et celui de leurs affluents.
Comme exemple, on peut citer la pêcherie de *Pont-
des-Eaux*, sur l'Allier, affluent de la Loire, laquelel

pêcherie est en pleine montagne, au milieu de l'Auvergne. Les rivières *marines* — j'appelle ainsi les petits
cours d'eau qui se jettent directement à la mer, — de
la Bretagne et de la Normandie recevaient autrefois
une quantité de saumons tout à fait comparable à celle
qui a fait longtemps la richesse des rivières de l'Écosse
et de l'Irlande.

Malheureusement, chez nous comme chez nos voisins, nous avons tué la poule aux œufs d'or ; quand je
dis tué, je me trompe, nous l'avons laissée mourir,
nous ne l'avons pas nourrie, ou, pour mieux dire, nous
l'avons empoisonnée. Là-bas, comme ici on a pêché
à tort et à travers, au temps du frai comme en bonne
saison... ; là-bas comme ici, on a élevé des usines qui
déversent dans les eaux limpides, *indispensables* au
saumon, des produits délétères... ; là-bas, comme ici,
le saumon s'en est allé ?... Où ? Nul ne le sait !... Mourir, en quelque bas-fond, des conditions non remplies
de sa nature, des obligations inassouvies de son organisation !...

Le saumon vient dans *tous* nos fleuves : la Seine
elle-même en fournit. J'en ai vu prendre un magnifique,
à l'épervier, près d'une des piles du pont d'Asnières !
Endroit bien choisi ! J'en ai vu des troupes remonter
la nuit, — reconnaissables à leur bruit, à leurs écailles
argentées et à leur marche, — au-dessus de Melun,
gagnant les petites rivières de la Bourgogne. Malheureusement, la quantité de ces poissons n'est pas assez
considérable, dans tous ces endroits, pour nécessiter
une pêche *spéciale*. D'ailleurs, on pêche peu en France,

comparativement à ce que l'on devrait faire si l'on sa-
vait élever le poisson, et l'on prend le saumon par hasard, un peu partout.

Nos rivières du nord-est, et surtout le Rhin, sont
parfaitement peuplées du saumon ; dans ce dernier
fleuve même, ce poisson fait l'objet d'une pêche spéciale,
extrêmement lucrative. Nous ne connaissons que la
basse Loire, de Nantes à Ancenis, qui donne lieu à un
mouvement de saumons semblable.

Quand il s'agit de pêcher le saumon, il faut le faire
à la mouche naturelle ou artificielle et de la même
manière que pour les truites, seulement y mettre la
différence de grosseur que comporte la taille et la
force des deux poissons. Pour celui-ci, il est toujours
prudent de monter une grosse mouche bien vigou-
reuse sur un hameçon limerick, n° 1 ou 2, et d'em-
piler celui-ci sur deux forts brins de florence bien
choisis, car le saumon se défend jusqu'à la mort ; et,
s'il est un peu gros, c'est la plus belle bataille à
laquelle un pêcheur à la ligne puisse être convié.

Le saumon cependant, ne doit être pêché à la mouche
que dans une rivière où il ait la liberté de s'ébattre et sa
pleine tranquillité ; dans les ruisseaux où quelquefois
il s'aventure, il est en train de frayer, malade par
conséquent, et il a peur des rives qui se pressent tout
contre lui et semblent l'étreindre ; là, il ne mordra
pas à la mouche du pêcheur...

Dans les rivières de troisième ou quatrième ordre, on
voit le saumon remonter dans sa puissance le cours de
l'eau en y traçant un sillon capricieux, mais bien facile

8

à distinguer ; qu'un insecte vienne à tomber à sa portée, il s'élance..., c'est un trait !... il a déjà disparu. Il
se plaît aussi près des rochers, des ponts, des barrages,
partout où l'eau agitée, battue, lui promet une ample
moisson d'insectes ou de petits poissons étourdis par
la violence du flot et qui deviennent ainsi sa proie
facile.

Quand un saumon a saisi la mouche artificielle, il
oppose une résistance terrible, le moulinet tourne avec
une vitesse effrayante, la ligne est bientôt toute à l'eau
sans qu'il soit possible au pêcheur de s'opposer à cette
fuite dont la soudaineté est irrésistible. La corde toute
déployée, une seule ressource lui reste, c'est de suivre
— souvent en courant — le poisson qui remonte ou
redescend la rivière, selon que la peur et la rage le
guident dans un sens ou dans l'autre. Malheur au pêcheur auquel un obstacle barre le passage !... tout s'y
brisera sans remède, à moins qu'il ne se résolve à jeter
sa canne à l'eau et à courir après dans le bateau le
plus près. Le poids subit de la canne et la résistance
que celle-ci oppose à l'eau — si rien ne casse, — ra-
lentira un peu la fuite du saumon...

Cette course folle continue ainsi pendant des dis-
tances considérables, c'est-à-dire jusqu'à ce que les
forces du poisson—le plus énergique de tous!—soient
épuisées ; cherchant alors le fond, il s'y blottit, et la
ligne flotte, détendue comme s'il avait reconquis sa
liberté. C'est alors que le pêcheur repliera sa ligne en
agissant sur le moulinet avec la plus grande prudence,
car au moment où, par la plus légère traction de l'ha-

meçon, la douleur se fera sentir au saumon, il repren-
dra d'un bond sa course effrénée. Mais la lutte n'est
plus aussi vive, ses forces s'épuisent, et..., pourvu que
le pêcheur ait du sang-froid et une épuisette... il peut
espérer conquérir sa magnifique proie. C'est surtout à
cette pêche que l'on sent l'avantage de pêcher du rivage
des rivières qui possèdent un chemin de halage; là,
point d'obstacle à la course, mais... combien peu sont
dans ce cas! Heureusement l'hameçon qui accroche un
saumon le fait ordinairement d'une manière solide et
permet de lutter avec quelques chances du côté du
pêcheur. Le saumon se prend souvent seul, à la mouche,
sans qu'on le sente, s'enferre lui-même avant que le
pêcheur ait eu le temps d'y penser. Cela tient à la
secousse que donne le poisson sur l'hameçon avec des
mouches artificielles, rien n'arrête le choc, et le poids
du poisson l'enferre d'autant mieux qu'il est plus considérable. Le saumon, et cela dépend du temps, attaque
également du bout des dents, et dans ce cas-là le pêcheur
ne doit pas craindre de ferrer vigoureusement afin
d'assurer sa capture. La ligne, l'empile, la canne, tout
est solide, il faut en profiter.

Le saumon se pêche également au poisson vif, au
passer, et dans les chutes d'eau et les cascades, à la
cuiller et au tue-diable monté de poisson mort, ou
d'un simulacre de poisson; tout cela réussit parfaitement quand le temps et le vent sont à la pêche et que
le saumon mord. Mais nous ne pouvons assez le redire
aux pêcheurs qui ne connaissent pas encore les mœurs
du saumon et brûlent de se mesurer avec le maître de

nos eaux douces. Il ne faut essayer la pêche à la ligne du saumon que dans les endroits où il vient prendre les mœurs de la truite, c'est-à-dire dans les rivières *marines* et dans les affluents des grands fleuves, près de leurs sources. Arrivé en ces endroits, le saumon est *chez lui*, il s'y crée un domicile et y demeure happant... quoi? Ici se présente une lacune dans l'histoire naturelle de ce poisson; tout porte à croire — sa pêche surtout — qu'il est carnivore, mais on ignore aussi bien quelle est sa nourriture préférée, habituelle, en eau douce qu'en mer. Pour nous, les saumons vivent comme le brochet, de tout ce qui vit et remue. La rapidité de ces poissons à saisir au vol leur proie dans un parcours de un mètre environ, alors qu'ils semblent inattentifs et endormis, est incroyable et indescriptible ! Ce serait une insigne folie de penser que l'on peut attaquer le saumon, à la ligne, à la mouche, dans les grands fleuves. Il faut laisser la pêche en ces endroits, aux grandes sennes et aux immenses cordées de nuit des pêcheurs de profession. D'ailleurs, les saumons, excessivement farouches en tout temps et surtout quand ils sont en troupes, fuient le bruit des rives, ne remontant guère les fleuves que la nuit, au milieu du grand courant, et nulle ligne, nulle mouche ne peut les y aller chercher.

Au temps du frai, on peut employer le moyen suivant : on se place sur un pont traversant une rivière qui communique directement avec la mer, — comme l'Aulne, à Châteaulin, — ou qui arrive à son cours supérieur dans les montagnes, — comme l'Allier à Pont-des-Eaux, — là, on monte sur un grand moulinet en bois une forte ligne de soie ou de fouet ayant 400 à 500 mètres de longueur. On a mis au bout un solide hameçon limerick n° 0 ou 1 avec un gros insecte bien vif. Presque toujours un saumon ou une grosse truite saute sur cet appât qui descend l'eau, à une distance impossible des obstacles que peut craindre le poisson le plus défiant.

Si la descente n'a rien produit, on remonte la ligne en tournant le moulinet aussi vite que possible, et très souvent un saumon s'élance sur cet insecte qui fuit devant lui, emporté par un mouvement inconnu. On prétend que quelques saumons élisent domicile dans le haut des rivières qu'ils ont choisies et ne retournent point à la mer. Ce fait rendrait la pêche du saumon plus attrayante, en permettant d'en prendre toute l'année, mais il n'est pas bien prouvé.

XXI

LA TRUITE ET SES VARIÉTÉS

Longueur maximum : 0ᵐ,40.

La couleur de l'animal varie considérablement du blanc au vert bronze foncé qui, quelquefois, couvre irrégulièrement la majeure partie du dos, des flancs et même du ventre, par des taches analogues à celles des perches, et qui, elles-mêmes, sont recouvertes par le pointillé général des écailles, blanc et rouge.

Le dos est souvent noir ou vert foncé, ainsi que le dessus de la tête.

La truite habite les eaux claires et froides des montagnes, à courant rapide, nage avec rapidité contre la direction des eaux et franchit des digues, cascades, etc., de plus de 2 mètres de haut; elle se nourrit de poissons, coquillages, crustacés, vers, insectes, surtout des éphémères et phryganes, qu'elle chasse sur l'eau et en dessous. Ce poisson remonte toujours dans les ruisseaux et même dans les fossés pour frayer; il dépose ses œufs, gros comme un pois, entre les racines des arbres, les

grosses pierres, etc. Le temps du frai commence avec
les premiers froids et par conséquent varie beaucoup;
en général, il est d'autant plus tardif qu'à hauteur
égale, la région est plus méridionale, et qu'à latitude
égale, l'élévation au-dessus du niveau de la mer est
moins considérable. Le frai a lieu bien plutôt aux em-
bouchures des rivières qu'à leur source, dans le nord
que dans le midi.

La chair de la truite est blanche, et, si ce n'est pendant le temps du frai, elle est d'excellente qualité.

On ne peut s'empêcher de remarquer la physionomie
brutale et sans expression de la truite; l'air est féroce,
l'œil mauvais. La tête est grosse et la mâchoire inférieure, plus avancée que la supérieure, porte chez les
vieux et gros individus, un crochet obtus, blanc et
corné qui arme l'extrémité antérieure et se loge dans
une cavité correspondante creusée dans la mâchoire
supérieure. Les deux mâchoires de la truite sont garnies de dents pointues et recourbées, inégalement
espacées et implantées dans l'os maxillaire qui porte
entre chaque, une cavité pour recevoir la dent correspondante du haut, de sorte que le système des deux
mâchoires engrène l'un dans l'autre.

Somme toute, c'est un poisson fort laid, à tête lourde
et empâtée, à forme trapue et non élégante, dont la
queue arrondie aux angles et carrée, presque non
découpée, indique une grande force, mais manque
d'élégance. Extrêmement vigilante et défiante, la truite
est en même temps courageuse et active.

Il n'est pas de poisson qui varie davantage comme

apparence, suivant les localités, ce qui a pu induire les classificateurs à en créer un certain nombre d'espèces, qui ne sont que des variétés. Il est encore probable que la saison n'est pas sans influence sur la coloration de cet animal ; la saison du frai passé, les truites semblent avoir la tête plus grosse et le dos plus large en proportion du corps : elles ont, en effet, maigri.

Les truites de la Sorgue ont des taches rouges, vertes ou blanches. Celles que l'on prend dans les gaves des Basses-Pyrénées ont des taches blanches et noires ; celles de la Saintonge sont blanches ; celles du Languedoc jaunes brunes ; celles qu'on prend dans l'Ain sont blanches et rouges. La couleur de quelques truites est d'un bleu d'acier avec des reflets cuivrés et irisés. Du reste, ces poissons présentent quelquefois des anomalies de couleur qu'on ne peut guère expliquer d'une manière plausible. Ainsi, dans les montagnes du Bas-Jura on a pris des truites blanches dont la tête et les nageoires étaient entièrement noires.

Dans les rivières peu rapides, surtout dans les endroits où les rivages sont peu encaissés et le lit des eaux peu ombragé, la truite commune possède une couleur brun clair sur le dos, les ouïes et la tête jaunes. Les taches sont rouges et noires, en étoiles assez grandes. La dorsale est tachetée seule, elle est brune comme la caudale. Le ventre est argenté surtout sous le cou. L'anale, les ventrales brun-clair. Pectorales presque jaunes. Queue échancrée faiblement à pointes arrondies.

Certaines eaux donnent enfin aux truites qui les habitent une coloration ardoise sur les flancs, tout en

leur laissant la couleur des nageoires sombres de celles
dont nous venons de parler. Chez celles-ci, on voit
une place argentée sombre sur la tête et l'opercule
derrière l'œil, lequel, dans ces truites sombres, n'est
plus jaune clair, mais bien sombre avec une ligne jaune
seulement autour de la pupille. Cette dernière variété
de truites ardoisées ne porte que quelques rares taches
rouges, vives, grandes, placées en ligne irrégulière,
au-dessous de la ligne latérale et entourées toutes d'une
auréole blanchâtre. Elle n'a qu'une petite tache rouge
au bout de l'adipeuse, et point de taches noires sur
cette nageoire.

La truite chasse ordinairement le soir et la nuit, puis
le jour reste inactive et ne se dérange pas lorsqu'on la
touche. On la pêche volontiers avec un grappin. On
jette l'amorce un peu en avant de sa tête et on la retire
en la passant à sa portée, elle se précipite et se prend
au grappin. Il est bon de lâcher d'avance le déclic du
tourniquet, parce qu'elle fuit avec rapidité et pourrait
briser la ligne. La truite qui chasse, au contraire, se
pêche généralement à *la grande volée*, avec une grosse
mouche.

Les truites de fortes dimensions se prennent par la
même méthode que le brochet à *trolling*, ou *en suivant*,
à la ligne munie d'un véron, d'une ablette ou d'un
goujon à sa bricole. Peu de personnes sont capables
de vaincre la difficulté que présente la capture d'une
truite de 12 à 14 livres, et c'est une grande rareté
qu'on en vienne à bout, à moins d'être un pêcheur de
premier ordre.

Tout le monde sait que ce poisson doit être cherché dans les eaux claires, vives et à cours rapide, souvent froides, mais cette dernière condition n'est pas de rigueur, car la truite se trouve dans tous les départements de la France, et il s'en faut de beaucoup que tous aient des montagnes. Cependant, il est toujours vrai de dire que la truite aime et recherche une qualité d'eau de source claire et limpide. Une minime quantité de matières étrangères versée dans les eaux par une usine, ou par toute autre cause, suffit pour en chasser les truites à une certaine distance. Quelques cours d'eau ne renferment jamais ces poissons, tandis que d'autres, voisins, venant des mêmes côtes, doués d'eaux aussi, mais non plus vives, en sont abondamment pourvus. Sans doute les premières eaux, dans leur trajet souterrain, s'imprègnent de sels calcaires ou autres, que redoute la truite.

La truite fuit, en outre, le bruit et la population des grands centres, et cependant, on en trouve au milieu de certaines villes ; mais ce sont des villes tranquilles de province, et il ne s'y fait pas beaucoup plus de bruit que dans la campagne, à quelques kilomètres plus loin. Il est cependant bon de rechercher ce poisson dans les endroits ombragés et déserts, près des ponts, des barrages, des chutes d'eau, aux roues des moulins, etc. Partout où le cours de la rivière est plus ou moins brisé par un obstacle, s'il se rencontre une pierre, un rocher qui forme un remous dans l'eau, c'est là que se tiendra la truite. Ce poisson présente alors une habitude singulière, c'est de se coller à une pierre, de s'y mouler, de s'y incruster, pour ainsi dire, en en suivant les anfractuosités, et de s'y tenir tellement immobile, que le pêcheur, à moins d'être attentif, le prend pour un rebord verdâtre de la pierre, ou une touffe d'herbe ou de mousse. Dans ce cas, le pêcheur habile suit ce rebord du regard et rencontre l'œil brillant du poisson, qui décèle l'animal. Cette embuscade est d'autant plus facile à voir, que, nous avons dit, la truite se tient dans l'eau excessivement claire, et que souvent la rivière n'a que quelques décimètres de profondeur. Ce poisson, étant un animal de surface, arrive à de fort belles dimensions dans des cours d'eau d'une profondeur si petite qu'elle semble incroyable ; cependant il ne faut jamais perdre de vue que ce sera toujours dans les grands fonds d'eau qu'on devra chercher les belles pièces.

La truite est un gobe-mouche d'une adresse et d'une voracité qui déconcertent la raison. Tout ce qui vit animé dans l'air, tout ce qui se laisse aller à toucher les ondes, est bon à prendre, aussi ne s'en fait-elle pas faute ; elle bondit, elle glisse, elle retourne, elle évolutionne, en un mot, sans relâche ; à chaque fois, ses longues dents s'entr'ouvent pour happer une proie qu'elles ne manquent jamais, et qui, sous la forme d'une mouche, semble indigne de si formidables crochets. Mais « tout fait ventre, » dit le proverbe, — et la truite le pratique à merveille, — au point même de s'attaquer à des objets brillants ou métalliques que le pêcheur malin fait danser à sa portée et qui cachent le perfide hameçon auquel elle reste accrochée. Mais enfin, si on la prend, elle est fine aussi... et ne se laisse pas toujours prendre. En somme, c'est une noble pêche, bien attaquée, bien défendue, où le courage se mesure avec le sang-froid, et où le vainqueur n'est pas toujours celui qui paraît le plus raisonnable.

Ainsi, de tout ce que nous venons de dire, il faut conclure que l'eau rapide, froide et battue, renferme des truites *quand la rivière en nourrit;* aussi est-ce là qu'il faut aller s'établir, muni d'une bonne canne flexible, garnie de son moulinet, et y faire une pêche attentive à la grande volée. Si le temps et la saison le permettent, employez des insectes naturels, ils sont toujours les meilleurs; sinon, pêchez à la mouche artificielle, et alors cherchez un pont, un obstacle, pour vous dérober aux regards perçants de votre proie future. Surtout pas de bruit : marchez comme un mohican, d'un pas sauvage, qui ne courbe pas l'herbe, et qui ne laisse pas bruire les broussailles.

Il ne faut pas croire, cependant, que la truite passe sa vie à gober; non. Quand elle est repue, elle se repose et passe, dans un doux farniente, le temps chaud du milieu de la journée. Elle fait ses deux repas comme un bon bourgeois, un le matin, un le soir. Elle ne se lève pas matin ; il faut que le soleil soit levé lui-même, qu'il ait permis aux insectes de sécher leurs ailes humides de la rosée matinale, alors les imprudents s'élancent, tombent... et la truite est là, comme la parque fatale, ne manquant jamais son coup... Mais le pêcheur y est aussi, et qui crut prendre est pris! Elle fera ainsi la chasse jusqu'à dix ou onze heures, suivant

que le soleil sera plus ou moins chaud, puis ira se reposer et recommencera le soir deux heures avant le
coucher de son ami le soleil bienfaisant. A la nuit, elle
va dormir ou bien faire encore quelquefois un petit
tour à tâtons, au fond de l'eau, quand elle n'a pas
assez dévoré, ce que le pêcheur met à profit en lui
tendant des lignes de fond, qui rapportent les plus
belles pièces.

Nous avons dit combien la truite est défiante; il
faudrait donc une ligne invisible...; le fait est qu'on
n'est jamais monté trop finement, mais aussi nous
avons observé combien elle est forte et courageuse; il
faudrait donc une ligne solide. Mêlons ces deux conditions ensemble, il en résultera qu'il faut se monter
finement, très finement, et suppléer par l'adresse et le
sang-froid au manque de force véritable. C'est ainsi
qu'on réussit. Surtout, nous le répétons, que les
cannes portent un moulinet, et un moulinet libre,
dont rien n'entrave les mouvements.

La truite a les yeux très perçants; de plus, elle est
timide et prudente. Si par malheur elle aperçoit le
pêcheur, aucune amorce, quelle qu'elle soit, ne la ten-
tera plus, l'habileté et la dextérité les plus grandes ne
serviront à rien. Si vous voyez une truite s'élancer sur
une mouche naturelle, jetez la vôtre un peu au-dessus
de l'endroit où vous jugerez que peut être la tête, un
peu à droite ou à gauche... Elle ne viendra probablement pas à votre première épreuve; recommencez
trois ou quatre fois..., mais elle ne saisira votre
mouche que lorsqu'elle se présentera tout près d'elle

et de manière à la tenter. La truite ne quittera pas sa
position pour votre amorce, si celle-ci se trouve en
dehors de sa tournée d'alimentation. Cependant, quelques jets répétés peuvent l'attirer dans l'endroit désiré, et c'est lorsqu'elle nagera à la surface de l'eau
qu'elle prendra la mouche sans hésiter; mais elle ne
sortira pas de sa route pour saisir aucune mouche.

Le temps a un effet extraordinaire sur ce poisson, et
surtout sur sa disposition à manger. Avec le vent d'est,
la truite ne se prend pas facilement; elle a horreur des
orages accompagnés de tonnerre; les vents violents
sont défavorables au pêcheur, de quelque côté qu'ils
viennent. *Pendant et après des pluies douces*, sans trop
de vent, voilà le moment par excellence pour prendre
la truite.

A la pêche à la surprise, entre les arbres et les buis-
sons, si l'on aperçoit un endroit où se tient probablement une truite, il faut descendre la mouche très
doucement, *en lui imprimant un mouvement cadencé;*
mais elle ne doit que toucher la surface sans que la
plus petite portion de florence atteigne l'eau. Cette
précaution est essentielle pour réussir, car il est bien
rare de prendre une truite à la ligne volante, si elle
voit le plus petit morceau de florence dans le courant.

XXII

LA TRUITE SAUMONÉE

Longueur maximum : 0^m, 80.

Cette truite est marquée de taches ocellées ou en forme d'X ; les supérieures sont quelquefois entourées d'un cercle plus clair ; beaucoup de ces taches sur les opercules et l'adipeuse, la chair rougeâtre. Caudale et adipeuse noires, les autres nageoires grises, — caudale très échancrée. Les ruisseaux d'eau claire qui se jettent immédiatement dans la mer sont les eaux où l'on pêche les meilleures, mais il en monte à toutes les hauteurs. Cette truite quitte, en effet, la mer (?) au milieu du printemps et remonte les fleuves jusqu'à leur source ; elle fraie dans les lacs et ruisseaux à eaux vives des hautes montagnes, pendant l'hiver, plus tôt ou plus tard, suivant la température ; elle se nourrit comme le saumon et est très recherchée. Elle a la tête petite, couverte de taches noires, les côtés un peu violacés. Cette truite se nourrit de vers, insectes aquatiques et poissons, absolument comme les autres sal-

monidés dans nos eaux, dont elle se distingue par la
forme et la position des dents vomériennes.

Agée de moins d'un an , la truite saumonée est
d'une belle teinte argentée sur les flancs et sur le
ventre, tandis que son dos est gris foncé, un peu verdâtre vers le bout du museau. La caudale est *très
échancrée* et bordée de gris-vert foncé, la dorsale tachetée, les pectorales, les ventrales et l'anale jaunâtres
très pâles. *Aucune tache rouge* sur le corps ; des taches
noires, plus ou moins foncées, — suivant qu'elles sont
plus ou moins près du dos, — et formées de plusieurs
points réunis irrégulièrement. Forme du corps déjà
cylindrique. Mais l'âge adulte arrive, la livrée change;
le dos est brun, les flancs entiers prennent un ton
d'argent enfumé général. La queue est égale, et,
comme toutes les autres nageoires, présente un
bleuâtre spécial. L'adipeuse est grande, en hacheton,
et un peu verdâtre. Les taches sont nombreuses, mais
ne dépassent pas les flancs, noires, mélangées de brun
pâle. Les lèvres bleuâtres, l'œil brun clair. Tel est le
mâle dans ses atours de noce. La femelle est plus
grosse, plus ramassée. La caudale, toujours plus petite,
tire, ainsi que toutes les autres nageoires, sur le verdâtre, un peu lavé de jaune. Le dos est vert clair assez
vif, les flancs et le ventre argentés, un peu reflétés de
lilas. Les taches sont nombreuses, petites, pâles et dé-
passant peu la ligne latérale. Le museau et l'œil sont
plus pâles que chez le mâle, dont toutes les couleurs
sont, d'ailleurs, bien plus tranchées. L'adipeuse est
toute petite, la queue un peu plus échancrée.

On prend quelquefois, dans le Rhin, des truites sau-
monées magnifiques ; nous en avons nous-même pris
à la mouche, dans l'Aigre, petite rivière de l'Eure-et-
Loir, dans les Ardennes ; en Bretagne, ces captures
sont rares.

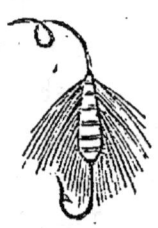

XXIII

L'OMBRE

Longueur maximum 0^m, 35.

L'ombre, très abondant dans certains cours d'eau, est un poisson tout à fait local. Il vit dans les rivières ombragées d'arbres, des montagnes des Ardennes, des Vosges, de l'Auvergne; mais les eaux où il abonde ne sont pas communes. Il préfère les rivières courant sur les cailloux, et qui offrent des alternatives de rapides et d'eaux tranquilles. Le temps de frai, si différent de celui de la truite puisqu'il a lieu à la fin du printemps et de tous les autres salmonés qui ne frayent ordinairement que dans l'eau froide vers la fin de l'année.

L'ombre, au contraire, est dans toute sa bonté au mois d'octobre et novembre, et sa chair blanche et sèche est fort recherchée et présente une odeur particulière en sortant de l'eau.

La nourriture ordinaire de l'ombre consiste entre autres mouches, en larves de phryganes, cousins et libellules ; aussi les pêcheurs à la mouche doivent-ils imiter ces insectes. Il se nourrit aussi de petits mollusques et insectes aquatiques, de frai, surtout de celui des autres salmonés dont il est très friand, et il détruit si bien les truites dans leurs eaux communes, qu'il finit par y rester seul.

Dos verdâtre, flancs argentés, lignes d'écailles apparentes, en sillons longitudinaux partout. Grande dorsale en voile élevée, caudale demi-écailleuse, brune et très fortement échancrée, tête pointue : telle est, en gros, la figure de l'ombre. En avançant en âge, les couleurs se modifient. Le dos devient vert foncé et très vif ; cette couleur envahit même la plus grande partie de la dorsale à l'avant, et englobe l'adipeuse. Le vert se fond sur les flancs autour des écailles et se mêle à une couleur d'ocre toute spéciale, parce que sur chaque écaille elle est mêlée d'un reflet blanc. La caudale, toujours très échancrée, est devenue couleur de sienne brûlée, les nageoires inférieures ont pris ce même ton mais un peu plus clair, et se nuancent de vert vif en approchant du corps. Gorge ponctuée de vert-pré. Tête verte, lèvres et œil jaunâtres.

L'ombre est un poisson qui, par la conformation de sa bouche, ne peut rechercher les gros insectes ni les grosses mouches, mais bien les libellules et les moucherons qu'il chasse toute la journée avec une ardeur et une rapacité dont on ne peut pas se faire une idée.

Il faut, pour le pêcher, de très petites mouches naturelles faites sur des hameçons très fins limeriks n° 20, longue queue sans palette, ou, mieux encore, des hameçons-aiguilles usités dans les pays que ce poisson fréquente. Comme l'ombre n'acquiert jamais de grandes dimensions et pèse rarement plus de 500 gr., on fait le corps de la ligne en deux ou trois crins tordus, terminé légèrement en queue de rat, et portant sept ou huit petits moucherons artificiels, espacés sur 5 mètres de long. L'ombre se tient dans le courant et vers le milieu de la rivière, il faut donc une canne de première longueur et une longue ligne, sinon, comme l'eau n'est jamais bien profonde, il faut pêcher à la dérive et lancer la mouche devant soi. L'emploi du moulinet est important, car le coup de queue de ce poisson est terrible. L'ombre commun se pêche dans la Chiers, la Creuse, les rivières et ruisseaux des Ardennes, la Moselle, et la Meuse, mais moins souvent, près de Besançon, dans la Loue. Nous avons vu qu'il était abondant en Auvergne ; il l'est autant aux environs de Nantua, dans le lac de Genève. On l'a trouvé aussi dans le Rhône, la Sorgue, etc.

XXIV

LA GRENOUILLE. — L'ABLETTE
LE CHEVESNE

Grenouille. — Nous ne parlons ici de cet animal qu'au point de vue de l'appât exellent qu'il forme, encore petit, pour la prise des poissons carnassiers : brochet, perche, truite, et même chevesne.

Les grenouilles se nourrissent de vers, de larves, d'insectes aquatiques et de petits mollusques. Elles passent l'hiver engourdies dans la vase et s'accouplent au printemps. Leurs œufs, disposés en chapelets, sont abandonnés à la surface des eaux.

Au bout de quelques jours, les petits en sortent; ils portent le nom de *têtards*, sont absolument aquatiques, et respirent par des branchies. Quinze jours après, on leur voit des yeux et des rudiments de pattes de derrière, et deux ou trois mois plus tard, leur peau se fend sur le dos, et l'animal en sort à l'état parfait et avec une queue qui disparaît graduellement. On compte environ 20 espèces de ces animaux. Les plus communs sont : la *grenouille verte*, ou *grenouille commune*, verte avec trois bandes dorsales d'un beau jaune d'or ; la *grenouille muette* ou *rousse* porte une tache noire entre l'œil et l'épaule. Elle habite les champs, les vignes, et ne va à l'eau que pour pondre.

Les rainettes ou grenouilles d'arbres sont toutes voisines des grenouilles propres, et pour la pêche peuvent servir aux mêmes usages.

Pour les placer à l'hameçon, on en choisit de très petites que l'on enferre sous la peau du dos, en y passant la pointe de l'hameçon que l'on fait ressortir entièrement. Ainsi prises, les grenouilles vivent très longtemps en nageant à la surface de l'eau, où elles sont attaquées par les brochets, les grosses perches, les gros chevesnes, les truites, etc.

On s'en sert également aux lignes de fond, la nuit, pour les anguilles, mais dans ce cas, on les enferre solidement par le corps afin qu'elles ne puissent s'échapper.

Il est bon, quand on se sert de cet appât vivant, de prendre au moins un hameçon n° 4. Il est bien préférable encore de se servir d'une petite bricole de deux n°s 7, ou d'un grappin de trois n°s 12.

Les grenouilles grises sont préférables aux vertes, elles vivent plus longtemps.

Ablette. — Tous les poissons carnivores recherchent ce cyprin et ses œufs. Le seul défaut de l'ablette comme appât vif, c'est qu'elle meurt, sortie de l'eau, et que, même remise de suite dans son élément, elle y su p porte très peu de temps la piqûre de l'hameçon et la captivité au bout de la ligne.

Chevesne. — Le petit chevesne, de 0ᵐ, 08 à 0ᵐ, 12 sert d'appât vif pour le brochet, la perche, et la truite. Pour le brochet, il sert, à défaut de goujons, de carpe et de gardons ; c'est le quatrième en-cas du pêcheur. Pour la perche, c'est un appât médiocre ; et, pour la truite, il faut avoir soin de prendre les plus petits individus possible pour appât.

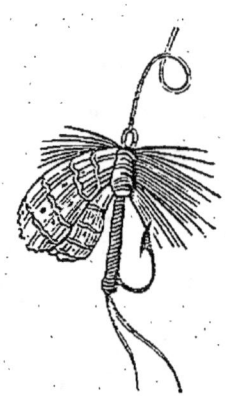

XXV

LA MOUCHE ARTIFICIELLE — LE LANCER

Beaucoup plus agréable que les autres genres, la pêche à la mouche artificielle permet au pêcheur de suivre le courant de la rivière et de ne pas rester en place, ce qui souvent est un ennui. Très usité en Angleterre pour pêcher la truite, elle est le passe-temps des gens du monde, des gentlemen, qui peuvent s'y livrer dans une tenue correcte, soignée, et qui n'ont pas à redouter les appâts et les esches, plus souvent répugnants qu'agréables, que nécessitent les autres genres de pêches. Bien qu'il soit fort facile de s'en procurer, nous donnerons ici quelques indications sur la manière de les fabriquer. On se sert d'un limerick sans palette, empilé sur une florence bien choisie, et avec des plumes d'oiseaux qui se mouillent difficilement, nouées solidement au moyen de soie de même couleur, on confectionne ce que l'on appelle une mouche, quoique la ressemblance

n'existe en aucune façon avec cet insecte. On doit toujours se servir d'hameçons plus fins qu'à l'ordinaire, et
avoir soin de ne jamais ployer les barbes de la plume.

On place l'hameçon entre ses doigts, le dard en
dehors de la main, c'est-à-dire en avant des doigts et
en-dessus; cet hameçon porte la florence empilée. On
fait deux ou trois tours avec la plume au bout de l'ha-

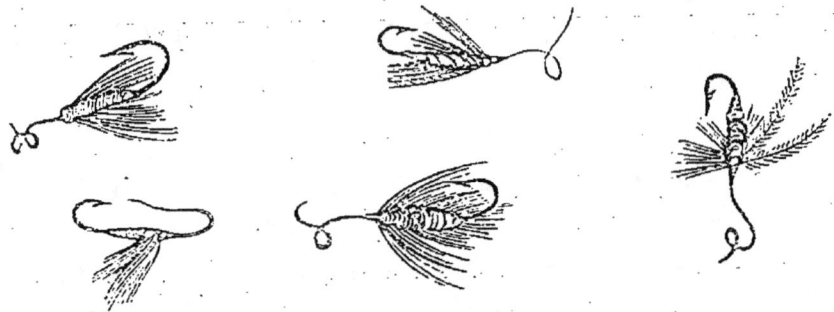

meçon et deux tours par-dessus avec la soie, en ayant
soin de passer celle-ci entre les barbes de la plume.
On remonte ainsi le long de la hampe en passant quelques tours de soie tous les trois ou quatre tours de
plumes. Arrivé à l'extrémité de la hampe, on arrête le
tout au moyen d'un petit morceau de soie fine d'environ dix centimètres, que l'on double et que l'on place
la boucle tournée vers la palette, sur la plume et la
première soie. On continue à faire passer sur les deux
bouts de la boucle la première soie qui retient la
plume, et quand on a fait un certain nombre de tours,
on passe l'extrémité de la soie dans la boucle, entre
l'un des deux petits bouts de la boucle; celle-ci se
serre, et le tout est arrêté. On confectionne les mou-

ches à corps en plaçant sur la hampe une barbe de
plume de paon ou d'autruche, et une plume de la col-
lerette du coq, longue, mince et bien velue.

On peut aussi rendre le corps de la mouche plus
brillant, en l'entortillant de fil d'or ou d'argent.

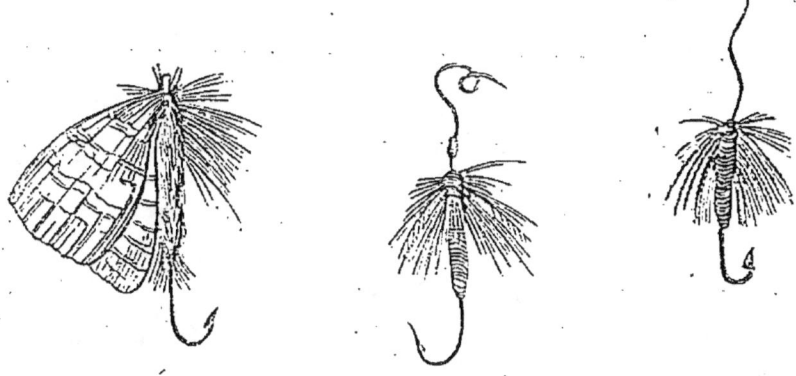

Il ne reste alors qu'à savoir lancer la mouche, et
l'expérience, dans ce cas, fera plus que tous les conseils
que l'on pourrait donner. Inutile d'insister sur ce point
que la canne doit être des plus solides, que son agence
ment ne doit rien laisser à désirer, et qu'il faut lancer
la ligne à environ une dizaine de mètres du bord, sans
jamais battre l'eau ni la faire jaillir.

XXVI

L'ANGUILLE

Longueur maximum : 1^m, 80.

Corps cylindrique, très allongé ; tête petite et pointue ; dos verdâtre ou brun sans taches ; ventre blanc ou jaune, suivant les rivières ou les étangs habités, probablement aussi suivant la variété à laquelle appartient l'individu. Dorsale et caudale réunies formant une caudale pointue. Peau visqueuse, très glissante, écailles à peine visibles, enfoncées dans la peau, et ne paraissant que quand celle-ci est desséchée. Les dents qui garnissent leurs mâchoires font connaître leurs instincts de proie. L'anguille est un animal très vorace ; elle vit de poisson, frai, vers, insectes, cadavres en décomposition, nage avec rapidité, souvent à reculons. Elle est douée d'une grande vitalité, car, dépouillée de sa peau et découpée en morceaux, les tronçons s'agitent longtemps encore, ce qui tient aux ganglions nerveux répandus dans toute la longueur du corps, et dont chacun est un centre de vie.

L'anguille est ovipare, et c'est dans la mer qu'elle se reproduit. On appelle *montée*, les masses de petites anguilles qui, au printemps, remontent les fleuves et les rivières. En somme, on sait peu de chose sur la multiplication des anguilles et surtout sur leur accouplement ou leur fécondation. Mais si, au mois de mars, avril, on recueille les animalcules filiformes, diaphanes, de 0^m, 06 à 0^m, 07 de long, qui fourmillent auprès du sable de la mer, à l'embouchure des cours d'eau, y forment des masses d'apparence gélatineuse, et qu'on les transporte en eau douce, dans un étang, elles deviennent des anguilles parfaites dont la croissance est très rapide.

La chair de ce poisson est très agréable, grasse et délicate, mais difficile à digérer. Cet animal croît très lentement mais acquiert une grosseur souvent considérable ; les individus de 1 à 2 kilos sont communs quoique formant déjà une fort belle proie. Leur vie est longue, car on a des exemples d'anguilles conservées 17 à 20 ans en domesticité.

Les mœurs de l'anguille sont nocturnes, sa conformation carnassière, sa voracité assez grande, sa finesse, sa malice, son intelligence en un mot, plus développée que chez la plupart des autres poissons. Il y a là tout le secret de sa pêche et de ses difficultés.

Avant tout, disons que les appâts que ce poisson préfère sont : les gros vers rouges ou lombrics, les débris d'animaux, sang, boyaux de volailles, etc., les petits poissons, — parmi eux le véron, avec prédilection, — enfin, en allant du médiocre au meilleur, les sangsues, et l'ammocœte, septœil et chatouille suivant le pays.

Il est probable que, faute de pièces aussi succulentes, l'anguille avec sa bouche petite et peu fendue, doit se contenter souvent de vers, et de mollusques aquatiques.

Comme ce poisson se creuse sous les berges, ou tout auprès, des trous dans la vase ou dans l'argile un peu molle, ce sera près de ces endroits qu'il faudra tendre des lignes. Il aime également les pierres, entre lesquelles il se cache pour guetter sa proie ; aussi abonde-t-il parmi les perrés, dans les digues, les murs démolis trempant dans l'eau près des rochers à surface dégradée, etc.

C'est dans ces retraites que demeure l'anguille tout le jour ; tant que les eaux sont claires, il est rare d'en prendre une après 8 heures du matin et avant 4 à 5 heures du soir pendant la saison. Mais si l'orage monte à l'horizon, un instinct curieux se développe chez cet animal et lui dit que la pluie suivra, que l'eau deviendra trouble et charriera la manne abondante des insectes et débris animaux ; aussi, par l'eau trouble, l'anguille s'agite, monte à la surface, chasse, et par conséquent se fait prendre par le pêcheur.

On pêche l'anguille à la ligne à soutenir à la main, en amorçant au même endroit, à l'extrémité d'une berge ou d'un perré, plusieurs jours de suite. Il est extrêmement important de choisir un hameçon limerik courbé, très fort mais pas gros, l'anguille n'ayant pas la bouche grande ; ce sera le cas d'employer un hameçon renforcé. Les numéros 5, 6, 7, sont déjà très gros ;

nous préférons 9 ou 10, qui, quoique plus petits, nous offrent plus de sécurité et voici pourquoi :

L'anguille, nous l'avons dit, est un poisson extrêmement vorace, mais à gueule petite ; elle saisit la proie, l'avale entièrement. Si l'hameçon est gros, il happe dans la gueule qui est petite et où il prend peu de chair, d'autant plus que l'intérieur de la bouche est dur et garni de dents sur lesquelles il peut glisser. Enfin, quelque vorace que soit l'anguille, quand elle sent une résistance dans sa proie, elle l'abandonne, c'est une occasion manquée et un poisson laissé pour un autre. Si, au lieu de cela, le pêcheur intelligent a fait choix d'un hameçon très petit et qu'il ait su le dissimuler entièrement dans l'esche, l'anguille avale à peu près sans défiance l'hameçon qui ne prend que dans les téguments de l'estomac d'où il est impossible de l'arracher, car il ne mord pas seulement par sa pointe, — ce qui est la position la plus favorable pour casser, — mais par toute la courbure de son crochet, car souvent dans les petites anguilles la pointe ressort à l'extérieur du corps. Comme dernière considération, il est bon de remarquer combien important est que ce poisson soit très solidement piqué : il a une telle horreur du jour que, quand on le sort de l'eau, il brise souvent la ligne par ses mouvements convulsifs, sa force est telle qu'il s'entortille et *remonte verticalement* son corps, la queue en l'air, autour de la ligne, en prenant un point d'appui sur sa blessure.

N'essayez jamais de noyer une anguille, comme un autre poisson pris à l'hameçon, elle peut rester hors de l'eau longtemps sans en être incommodée, et d'ailleurs elle a la vie si dure que ce serait peine perdue.

C'est donc une pêche pour laquelle (et c'est une des rares) il n'est pas besoin de moulinet. Enlevez votre anguille d'autorité, sans vous hâter, mais solidement, et encore quand elle aura bien voulu quitter les perriers ou les racines auxquelles elle a l'habitude de s'entortiller, et au moyen desquels elle parvient souvent à casser l'empile ou à se déchirer la gueule, si l'on s'est servi de gros hameçons qui ont piqué dans les lèvres.

L'anguille est sortie de l'eau, vous ne la tenez pas encore ; si elle tombe, au lieu de sauter sur place comme les autres poissons, elle fuit, elle gagne l'eau, glissant, rampant comme un reptile.

C'est alors qu'elle est suspendue entre ciel et terre qu'il est important d'avoir une monture de ligne solide et à toute épreuve. Vous prenez l'anguille entre les doigts, en relevant le médium sur les deux autres, de façon à forcer le corps à se plier et ne pas glisser, car vous savez : « glissant comme une anguille ! » En frappant fort avec la queue de l'animal contre un corps dur, on ralentit ses mouvements. Cette précaution est très bonne ainsi que celle de prendre dans sa main une poignée de sable ou de terre pour saisir l'anguille. Enfin, elle n'est à vous que quand elle est entrée dans le sac ou panier.

L'anguille a les dents nombreuses et acérées, suffisamment fortes pour couper l'empile d'un hameçon. Quand on la pêche à la ligne de main, elle n'a pas le temps de se livrer à ce plaisir, mais il est toujours prudent de monter l'hameçon sur une très forte florence, mieux sur du cordonnet de soie bien *dévrillé*, mieux encore sur de la *cordelette filée fine* sur laquelle les dents de l'anguille n'ont pas d'effet.

Avec un poisson aussi difficile à manier et qui se défend aussi bien, il est à peu près impossible d'aller chercher à une profondeur de 0^m,08 à 0^m,10 dans son estomac. Le plus simple moyen est d'abandonner ce soin à la cuisinière, et quand l'anguille est prise, de la mettre au-dessus de son panier et de couper le fil qui la retient captive. On en est quitte pour remonter un hameçon; une anguille vaut bien une empile ?

La méthode la plus simple de prendre les anguilles est de les pêcher à la ligne de fond de nuit, aux cordées ou aux jeux. On la pêche aussi à la fouane, dans la vase; aux filets, nasse, verveux, râteaux, ou au moyen de barrages spéciaux nommés gords, bourdigues, labyrinthes, anguillères, etc. Ces derniers appareils reposent sur deux principes : on forme un barrage dans le cours d'eau, afin de forcer les anguilles à passer par une ouverture et à tomber dans un filet ou une nasse, ou toute autre sorte de piège dans lequel l'anguille, une fois introduite, demeure forcément à la portée du pêcheur.

XXVII

LA LOTTE

Longueur maximum : 1^m, 30 ; ordinaire : 0^m, 35.

Corps long, arrondi, épais et glissant comme celui de l'anguille, des écailles très petites, et différentes couleurs le recouvrent, variant du roux au brun et au jaunâtre. Côtes demi-cerclées ; queue en forme de fer de lance, large. Langue rude ; mâchoires recouvertes de grosses lèvres enflées, un barbillon au menton. La chair de la lotte est très délicate et très estimée : les œufs purgatifs ne se mangent point ; le foie est très bon et très volumineux.

Ce poisson a la vie dure.

La lotte ressemble énormément à l'anguille dans la plupart de ses habitudes ; se cachant sous les pierres, s'embusquant pour guetter sa proie qui consiste en insectes aquatiques et jeunes poissons. Ce poisson se tient sous les arches et près des tourbillons, où il dévore tous les petits animaux qui sont apportés par le courant de l'eau. Il mange principalement pendant la nuit, et,

comme l'anguille on le prend aux lignes de nuit ou
de fond.

Indiquer la nourriture et les mœurs de ce poisson,
c'est indiquer la manière de le pêcher ; il faut se
reporter à tout ce qui a été dit sur la pêche du barbeau et de l'anguille, car on prend la lotte en même
temps et de la même manière que tous les poissons de
fond.

Dans certaines contrées, on se sert pour la pêche des
lottes, de *goleroux*, qui sont des espèces de fascines
composées de morceaux de bois fourchus qu'on fait
descendre au fond de l'eau et dans lesquels les lottes
s'engagent et se cachent volontiers. Cette pêche est
très fatigante; mais elle produit une grande quantité
de poisson.

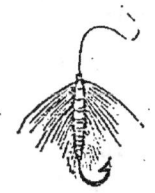

XXVIII

LES JEUX ET LES LIGNES DE FOND

Jeux. — Les jeux se posent le jour aussi bien que la nuit. Comme on ne peut pas les jeter en avant, il faut se placer dans un bateau ou sur une jetée, sur un point qui avance dans l'eau et permette au courant d'emporter le corps de la ligne et de la déployer dans sa longueur, en agissant sur l'aile du plomb pour le placer dans le sens de l'eau qui coule.

Les jeux sont de petites cordées portatives auxquelles les hameçons restent attachés. Le corps de la ligne se fait en fouet de lin ou de soie bien dévrillée et soigneusement peint et verni ; on le compose également de crins tordus, douze brins au moins. On peut le faire aussi en bonne florence double tordue.

On y place de 6 à 18 hameçons au plus, montés sur des empiles de florence de 7 à 10 centimètres de longueur. Pour les tenir, on fait au corps de ligne de petites boucles avec le nœud de pêcheur, que l'on espace de 40 à 50 centimètres l'une de l'autre.

Comme chaque empile porte une boucle, on passe celle du corps de la ligne dans celle de l'empile, puis l'hameçon dans la boucle du corps, on tire, et le tout est assujetti, on fait alors un plomb de la forme indiquée. Ce plomb porte un petit trou dans lequel on passe une corde solide, bien dévrillée, qui servira à descendre le jeu à l'eau et à le retirer quand on voudra le visiter. Cette corde porte une ligature qui l'empêche de se dénouer. On se trouve une lame de plomb qui forme gouvernail, et recevant l'action de l'eau, place le plomb dans la direction exacte du courant. La ligne étant attachée dans un petit trou que porte le gouvernail, elle s'étend et ne risque pas de se mêler sous l'effort des bouillons d'eau. Ces plombées pèsent depuis 250 grammes jusqu'à 2 kilos et même 6 et 7 dans les grandes rivières. Dans ce cas, on se sert souvent d'un poids ordinaire en fonte, et les jeux de dix-huit hameçons ressemblent souvent à de vraies lignes de fond et se tendent le soir.

Les hameçons sont choisis suivant la pêche que l'on veut faire ; si le corps de ligne est en fouet de lin ou de soie, on attaque le gros poisson, et il sera bon de mettre des nos 1 à 3 ; si la maîtresse-ligne est en crin. Comme on espère prendre plutôt des poissons moyens, on pourra y placer des hameçons nos 6 à 9. Dans ce cas, on peut supprimer les boucles à demeure, faites sur la ligne, et se contenter de choisir la place d'un nœud des crins, on met, vis-à-vis la boucle de l'empile sous la ligne, on passe par devant l'hameçon dans la boucle, on tire, et la boucle se trouvant serrée sur le nœud de la ligne, le tout est arrêté solidement.

On esche les jeux suivant la saison ; comme ils s'adressent aux poissons de fond, on sait leur goût ; si l'eau est claire et le temps chaud comme en été, on esche au fromage de Gruyère et aux vers rouges ; si l'on est en automne ou au printemps par l'eau froide, on esche à la viande crue ou cuite, à la rate, etc.

Le moment le plus favorable est surtout quand les eaux ont été troublées par une crue subite ; à la suite d'un orage, par exemple, on peut employer quatre jeux, six au plus, montés de chacun six hameçons : plus devient un travail. De quart d'heure en quart d'heure on relève chaque jeu pour renouveler les amorces et pour débarrasser le fil et les hameçons des pailles ou débris de plantes, et des immondices que l'eau charrie en quantité dans ces moments-là. Il faut relever la première ligne quand la dernière est à l'eau, et ainsi s'établit une rotation qui suffit pour employer tous ses instants.

Tous les jeux s'appâtent de la même manière, avec de gros vers, des morceaux de bouilli, ou bœuf cuit, du cœur de bœuf cru, du fromage de Gruyère, comme nous l'avons dit, des pâtes composées des grillons, des cigales, des cerises, etc., etc. Quand on les pose la nuit, on prend très souvent des anguilles, par conséquent on peut également escher quelques jeux au vif.

Lignes de fond. — Les lignes de fond se composent d'une corde ou cordeau dont la grosseur varie, mais devra toujours être proportionnée à la longueur totale de la ligne, aux obstacles qu'on peut rencontrer en la retirant, et au genre de poisson que l'on espère prendre. On choisit, pour les traînées ou cordées ordinaires, un fil de fouet gros comme une bonne plume d'oie ; on le dévrille avec soin dans l'eau, et on en débite des morceaux de 50 mètres environ. Quand on se sert d'un bateau pour tendre ses lignes, on attache au fur et à mesure ces morceaux les uns aux autres, et, de cette manière, on compose une ligne de fond aussi longue qu'on le veut.

On a, dans son bateau, les hameçons tout eschés ; il ne reste qu'à attacher l'empile sur la ligne, au moyen d'un tour et d'une demi-clef, à mesure que la ligne est débitée et mise à l'eau. On a soin également qu'il y ait, entre les points d'attache de deux empiles consécutives, un peu plus de distance que la longueur des deux empiles réunies, afin que les hameçons ne puissent se prendre et se mêler l'un à l'autre.

On espace des pierres en suffisante quantité pour faire caler la ligne, quand on veut un peu plus de luxe, — luxe non inutile, car la ligne se prend beaucoup moins entre les pierres et les herbes, — on y enfile, de place en place, des balles de plomb oblongues, analogues à celles qui garnissent les filets.

Dans tous les cas, les cordes doivent être tendues dans le sens du courant, mais un peu obliquement à sa direction. On jette souvent les lignes de fond de rive ; elles se nomment souvent alors *jeux d'anguille*, parce qu'elles servent surtout à prendre ces poissons. Nous renvoyons à l'article Jeux, pour en avoir la confection ;

elle est absolument la même, et ces cordes se jettent en avant de soi, en travers du cours de la rivière.

Tous les hameçons des lignes de fond sont ordinairement empilés sur fil de fouet très fin ; il vaudrait mieux qu'ils le fussent sur cordelette de crin tordu en six, huit ou douze brins au plus ; les empiles ne se tourmentent pas comme celles en ficelle, qui se nouent, se mêlent, et finissent par se prendre dans les herbes et entre les pierres.

On évitera également les hameçons à boucles, trop grossiers pour ne pas être rejetés par les poissons. Il faut laisser cela aux pêcheurs de la campagne, qui n'en ont jamais vu d'autres, et qui ne peuvent nous servir de modèles ni de guides.

Quand on a mis sa traînée à l'eau, au moyen du bateau, on fait une remarque pour trouver sa première pierre, que l'on cherche au moyen d'une gaffe à crochet ou d'un grappin, et l'on relève doucement le tout de grand matin.

Il existe encore une ligne de fond très simple, et que nous ne devons pas passer sous silence, car elle produit de bonnes récoltes quand on sait la placer à propos, près des berges creuses, des crônes, ou des endroits marécageux.

Cette ligne se compose d'une corde de 5 à 10 mètres de longueur, portant à son extrémité une pierre ou un plomb capable de la faire caler, puis, un peu au-dessus un hameçon plus ou moins fort, empilé, suivant l'espèce de poisson que l'on veut prendre, sur une florence forte, sur du crin tordu, de la corde filée, ou du

fil de laiton recuit, etc. On esche au moyen d'un gros
ver rouge, ou d'un petit poisson, véron, ou autre. On
attache la seconde extrémité de la ligne à un piquet
que l'on enfonce le soir au bord de l'eau, ou même
dans l'eau : on jette la pierre en face, et on va lever
de grand matin.

Ces lignes de fond diffèrent des *jeux*, lesquels ont
plusieurs hameçons, et le plomb placé d'une autre
manière. Comme on prend souvent des anguilles, de
grosses truites, des brochets, des carpes, etc., quand
un gros poisson est accroché et se débat toute la nuit,
il entortillerait les autres hameçons, — si l'on en met-
tait plusieurs, — autour des herbes, des racines ou des
pierres ; et le lendemain, le pêcheur serait incapable
de rien retirer de la rivière : heureux encore si, après
ce beau chef-d'œuvre achevé, le poisson n'avait pas
fini par se décrocher à l'aide de cette résistance, ne
laissant à l'homme que la perte de sa ligne et le regret
d'une belle capture manquée.

XXIX

LES CORDÉES

Les cordées se placent le soir et se relèvent le lendemain matin ; c'est une pêche sédentaire de nuit. Pour la faire en grand, ainsi que la pratiquent les pêcheurs de profession, il faut un bateau dans lequel deux pêcheurs au moins apprêtent ce qui est nécessaire.

Le corps de ligne est pelotonné sur lui-même, ou levé dans une corbeille ; on attache une grosse pierre à son extrémité et on la laisse aller au fond : puis on a dans une corbeille, des empiles que l'on amorce au fur et à mesure, soit au vif, soit au ver rouge, soit à tout autre esche ; on les attache à la ligne en corde, et de place en place, à mesure que le bateau avance doucement. Ce nœud se fait par deux tours sur la corde et une demi-clef. En général, les empiles doivent avoir environ 0^m,40 de long, et être espacées de 1 mètre les unes des autres.

Alors que l'on a noué une demi-douzaine d'empiles, plus ou moins, suivant la force du courant, on attache à la ligne une pierre moyenne, et l'on continue ces opérations jusqu'à ce que toute la ligne soit à l'eau et garnie d'empiles ; on termine par une grosse pierre pour laquelle on prend des arners sur les objets du rivage ou bien à laquelle on laisse un petit flotteur, si le braconnage n'est pas à craindre.

On remplace quelquefois le *pariau* d'amont par un grappin de fer ou une petite ancre, si l'on craint que le courant n'emmène la ligne et ne mêle tout l'engin, ce qui demande un temps énorme à démêler, et fait perdre le poisson qui peut s'y prendre. Il faut, si les avancées sont faites sur cordelette, que celle-ci soit parfaitement dévrillée pour éviter qu'elle ne s'enroule autour de la ligne principale, auquel cas l'hameçon étant trop près, le poisson ne se prend pas, et les petits ont tout le temps de manger l'esche en la dépeçant.

La prise du poisson n'est assurée qu'autant que l'esche flotte entre deux eaux, et garde une certaine élasticité au moyen de l'empile et de la corde, pour que le poisson l'avale sans s'apercevoir qu'elle tient à quelque chose. Une fois pris, le poisson demeure coi jusqu'au jour ; mais alors, il fait tous les efforts possibles pour s'échapper, et n'y réussit que trop souvent, surtout si les hameçons dont le pêcheur s'est servi ne sont pas de bonne qualité et très petits.

Tant que l'eau est claire, la pêche aux cordées ne peut se faire que la nuit ; si l'eau est trouble, on peut en essayer le jour ; mais elle ne vaut jamais la première.

TROISIÈME PARTIE

POISSONS QUI NE MORDENT PAS A LA LIGNE

XXX

L'ESTURGEON

Longueur maximum : 5 mètres à 8 mètres.

L'esturgeon est un poisson de mer qui remonte les fleuves pour déposer son frai en avril et en mai, et se nourrit de poissons, harengs et maquereaux, vers, reptiles, insectes, et retourne à la mer après la ponte, ainsi que les petits après éclosion. La chair de l'esturgeon pris en eau douce est très estimée et la vessie natatoire fournit de la colle de poisson.

Ce poisson se trouve en France dans la Garonne, la Loire, la Seine, le Doubs, le Rhin, le Rhône, et une foule d'autres rivières qui communiquent directement à la mer. Cependant il n'en remonte jamais aussi haut que les saumons, avec lesquels on le rencontre souvent pendant que les bandes de ces poissons séjournent à l'embouchure des cours d'eau dans lesquels ils vont s'engager.

Il est rare que l'esturgeon morde à la ligne, cependant ce fait n'est pas sans exemple ; dans tous les cas, c'est une des plus belles captures que l'on puisse faire au filet en eau douce, et sa pêche, dans certaines rivières, donne lieu à un commerce considérable.

En pêchant le saumon, quand celui-ci remonte les rivières, on peut prendre par hasard, à la ligne, un esturgeon plus ou moins fort, si l'on appâte avec un petit poisson dont il fait sa nourriture favorite. C'est une bonne fortune, de même que la prise d'un saumon, et nous ne saurions trop recommander au pêcheur, qui recherche de si belles captures, de se monter solidement ; non pas que l'esturgeon se défende, une fois pris, il se laisse aller sans résistance, mais sa masse offre un poids à vaincre, et pour peu qu'il ait seulement un mètre de long, c'est une masse assez considérable à soutenir jusqu'à l'arrivée d'une épuisette.

Le meilleur temps de pêche est de mai en août.

XXXI

L'ALOSE

Longueur maximum : 1 mètre.

Corps très mince, plus comprimé encore que la brême, avec laquelle elle a une certaine analogie de forme, quoique appartenant au même genre que le hareng. Tête petite, bouche grande, garnie de petites dents, mâchoire inférieure plus avancée que la supérieure, qui est échancrée à une extrémité. Dos vert olive pâle, avec des reflets dorés et irisés ; flanc, gorge et ventre nacrés à reflets un peu verdâtres et comme dorés. Œil blanc à iris noir.

La chair de l'alose est de qualité très variable ; lorsqu'elle est prise dans l'eau douce et quelque temps après le frai, cette espèce est très recherchée, quoique sa chair soit remplie d'arêtes.

Ce poisson mord rarement à la ligne, quoiqu'il se nourrisse de vers, d'insectes, et de petits poissons, mais on en a des exemples, surtout pour les jeunes individus.

La pêche de l'alose se fait dans les fleuves et rivières où elle remonte, et se fait exclusivement au filet. On emploie surtout la senne et le tramail, mais on peut également les prendre à la truble dans les petites crues, au verveux et à la nasse. Le talent principal du pêcheur consiste à deviner, par l'inspection du temps, de la marche de ces poissons, s'il faut qu'il les attaque de fond ou à la surface.

On pêche ordinairement l'alose en descendant le courant. Si le temps est chaud, orageux, lourd, ce poisson descend au moins à deux mètres, et se tient dans les grandes eaux. Si la chaleur est sèche, dure, le temps élevé, les aloses viennent s'ébattre dans les anses abritées et jouer sur le sable et les petits cailloux. Le meilleur moment pour la pêche, c'est la nuit, quand il n'y a pas de lune et par les petites crues qui troublent les eaux. Comme ce poisson est extrêmement défiant, on en prend, avec ces précautions, plus que si on les attaque à guerre ouverte. Cette pêche dure de mars à juillet. La senne que l'on emploie porte le nom d'*alosière*. On a remarqué que quand l'eau est claire, au printemps, les aloses montent plus tôt. S'il vient une crue par hasard, elles attendent pour monter que l'eau ait repris sa pureté première. Si elles sont surprises dans leur remonte par une crue, elles s'en retournent vers la mer. On dit même — et cela ne date pas d'aujourd'hui, puisque Élien le rapporte, — que s'il tonne pendant que les aloses remontent les fleuves, elles retournent rapidement à la mer. La seule réflexion que doivent inspirer ces assertions, c'est que de toute antiquité on s'est aperçu de la sauvagerie et de la défiance de ce poisson; ce que nous avons fait remarquer plus haut.

L'alose remonte tous nos fleuves, la Gironde, la Loire, la Seine, la Somme, la Meuse, le Rhône. Pour ce dernier, elle est même une de ses pêches les plus importantes.

Où vont les aloses une fois redescendues à la mer? Nul ne le sait!...

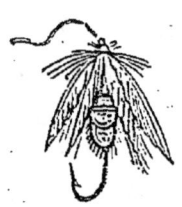

XXXII

LA LAMPROIE

Longueur maximum : $0^m,40$.

Dos brun olivâtre, côtes passant au gris et ventre argenté, blanc un peu grisâtre. Au mois de mars ou avril, on distingue très facilement les mâles des femelles par la largeur de l'abdomen de ces dernières, et leur bouche plus large que celle du mâle. La lamproie de rivière est comestible ; elle est très bonne au mois d'octobre jusqu'en mars, c'est-à-dire pendant tout l'hiver. La lamproie fluviatile se trouve dans toutes nos rivières, mais dans aucune avec une abondance remarquable.

Le traité de pêche de Juliana Berners, en 1496, recommande ce poisson comme une excellente esche pour la truite, au mois de mars et avril.

Ce poisson ne peut se prendre qu'aux filets à main ou dormants : le verveux, le tramail, la louve, le guideau seront les meilleurs. L'épervier et le carrelet peuvent également la ramener, mais par hasard.

XXXIII

L'ÉPERLAN

Longueur maximum : 0^m, 21.

Ce poisson a le dos presque droit dans la direction
de la tête, ce qui fait paraître la ligne du ventre plus
courbe que celle du dos. La bouche est fendue obliquement vers le haut et la mâchoire inférieure est plus

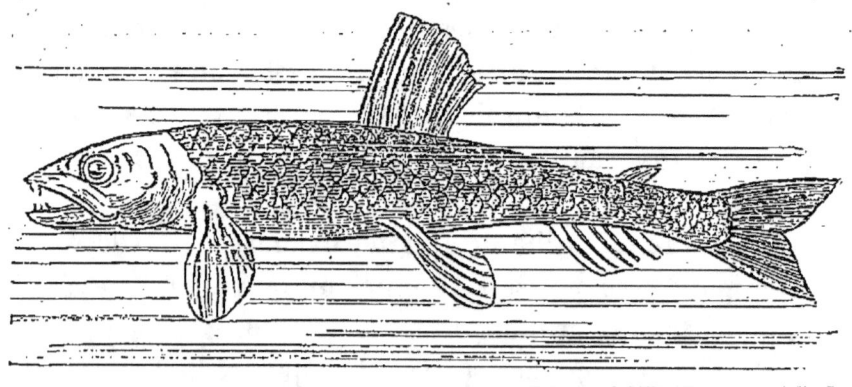

longue que l'autre. Quatre grandes dents au vomer,
beaucoup de petites sur les autres organes de la
bouche.

Ces poissons entrent dans nos fleuves au printemps par troupes énormes, mais sans jamais dépasser le point où l'eau devient douce. Ils s'y nourrissent de vers et détritus animaux abondants à l'embouchure des fleuves, et surtout dans la partie où l'eau douce lutte contre l'eau salée. Chair excellente, quoique à odeur parfumée qu'il faut aimer. On en prend beaucoup dans la Seine, l'Orne, la Loire, etc. L'éperlan vient se faire pêcher à l'embouchure de la Seine, avec les sennes, les nasses et les guideaux. Dans les eaux tranquilles, mais où cependant la marée se fait sentir, on le prend au carrelet à petites mailles.

Yarrel dit que, dans le Norwich, les éperlans se prennent au moyen d'un grand épervier, et que les *éperlainiers* de ce pays sont renommés par leur habileté à se servir de ce filet spécial. Cette pêche se fait de nuit. On a observé un fait curieux : c'est que tous les poissons désertent l'endroit où l'éperlan vient frayer et s'enfuient de la rivière jusqu'à ce que cette opération soit terminée.

Aussitôt que le frai est fini, l'éperlan retourne à la mer, vers la fin d'août. Les jeunes ont environ 0m, 06 de long à cette époque, et nagent en grandes troupes à la surface de l'eau dans les rivières, montant et descendant, suivant la marée. Flemming pense que l'éperlan se nourrit de petits poissons, et surtout de crevettes d'eau douce. On prend ce poisson aussi bien sur les côtes sableuses de la mer que dans les rivières, sur le chemin de la marée, au moyen de filets à très petites mailles.

Le colonel Nequell, en Angleterre, garda pendant quatre ans des éperlans dans l'eau douce d'un étang sans communication avec la mer ; ils continuèrent à croître et à propager abondamment. Ils ne furent même pas incommodés quand l'étang gela assez fortement pour permettre d'y patiner. Lorsqu'on les pêcha, les marchands de poissons avouèrent n'avoir jamais rencontré d'éperlans aussi délicats.

Salter prétend avoir pris de très beaux éperlans en pêchant à la mouche dans les marais de Porthsmouth ; mais il se pourrait bien qu'il ait confondu ce poisson avec le prêtre ou l'athérine, qui est très commun dans cet endroit. Ce fait est à expérimenter de nouveau vers l'embouchure de nos rivières.

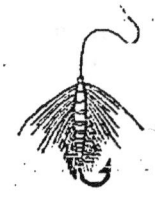

XXXIV

LA LOCHE FRANCHE

Longueur maximum : 0^m,15.

Ce petit poisson a la peau lisse, sans aiguillon, de couleur jaunâtre, tachetée de brun noir. La loche a six barbillons à la lèvre supérieure. Elle habite, de préférence, les ruisseaux vifs, petits et clairs, elle nage rapidement si on la dérange en retournant les pierres

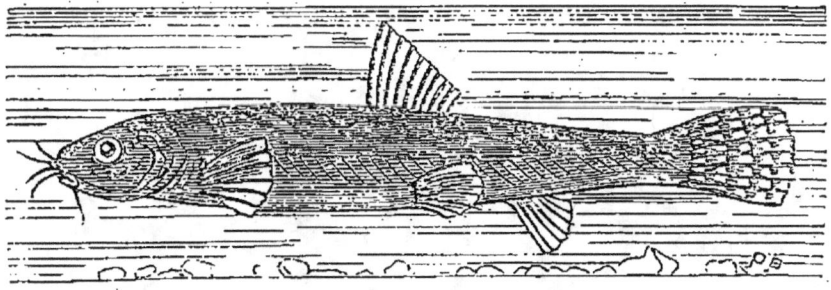

sous lesquelles elle se cache. Ces poissons se tiennent toujours vers le fond de l'eau.

La loche se nourrit d'insectes aquatiques, vers et

œufs ; si l'on compare la longueur de sa tête à celle de
son corps, on la trouve comme *un* est à *quatre*. Le nez
est arrondi et pointu en dessous, les narines sont
doubles et l'antérieure est tubulée ; la seconde est
percée dans une dépression juste derrière l'œil. Les
lèvres sont larges, la bouche petite, placée en dessous,
et la mâchoire inférieure est la plus courte. La bouche
a une grande analogie comme forme et comme position avec celle du barbeau ; les yeux sont petits, à iris
bleu.

La chair de cette loche est tendre, saine et un peu
gluante ; fournit un excellent appât pour le poisson
carnassier, ne mord pas à l'hameçon, mais se prend
dans les ruisseaux, avec de très petits filets, ou des pa-
niers mis en travers du courant, et qu'on remonte en
raclant le fond.

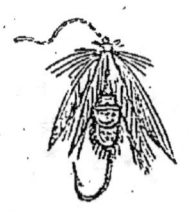

XXXV

L'ÉCREVISSE

L'écrevisse est si connue de nos lecteurs, que nous n'aurions presque pas besoin de la décrire. Cependant, afin d'être complet, nous ferons remarquer que ces crustacés d'eau douce, très voisins des homards de l'eau salée, ont les feuilles des nageoires latérales du bout de la queue élargies et arrondies à leur extrémité, le dessous divisé en deux par une suture transverse. Les écrevisses ont, sous la queue, cinq paires de fausses pattes, les antennes mitoyennes terminées en longs filets ou barbes, et les pattes antérieures terminées en pinces à deux doigts.

La couleur la plus ordinaire est un brun verdâtre plus ou moins foncé ; mais parmi elles, il s'en trouve dont la coloration est variable, suivant les eaux, ou peut-être suivant les variétés ; on distingue, surtout dans le nord et l'est de la France, des écrevisses à pattes bleues, communes dans la Meuse ; l'espèce à pattes rouges, la plus recherchée, que l'on appelle édelkrebs,

en Alsace, où l'on en compte quatre espèces différentes.

Chaque année l'écrevisse change de peau, c'est-à-dire
qu'elle renouvelle sa carapace ; rien de plus curieux,
mais de moins connu que cette opération pour laquelle
l'animal se retire dans les trous les plus profonds qu'il
peut découvrir, afin de se soustraire aux dangers qui le
menacent alors de toutes parts.

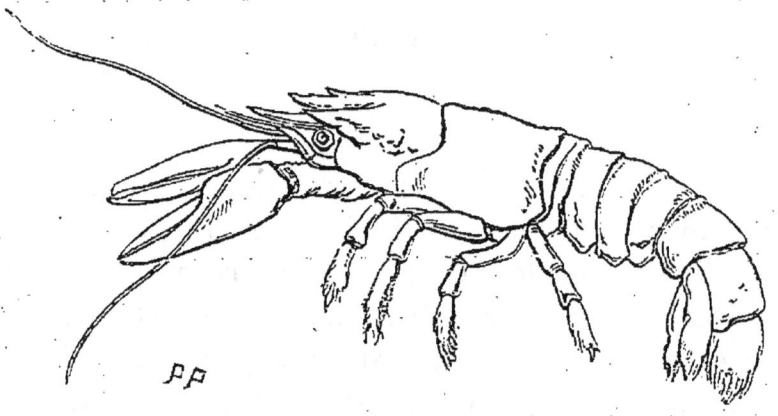

Il faut de deux à trois semaines à la nouvelle cui-
rasse pour qu'elle devienne aussi solide que l'ancienne;
la crue se fait pendant les quelques heures que l'animal reste nu ; elle est, d'ailleurs, lente, et l'écrevisse a
besoin de six années pour arriver à la grandeur de
$0^m,12$ environ, que nous nommons marchande.

La femelle est très féconde, et les 30 ou 40 œufs
qu'elle pond restent fixés par un pédicule aux filaments
dont la queue est garnie à l'intérieur; ils forment
ainsi une sorte de grappe jusqu'au moment de l'éclosion. Les petites écrevisses n'ont pas, en naissant, un

test assez résistant pour abandonner leur mère, et elles trouvent encore pendant quelques jours, un refuge sous sa queue. Tout le monde sait qu'elles ont la propriété de régénérer leurs pattes et leurs antennes perdues ou mutilées.

La pêche des écrevisses n'offre aucune difficulté. On la prend au moyen des balances simples ou doubles, à l'épervier, à la senne, à la nasse, aux verveux, aux tambours, etc., etc. Dans certaines rivières, qui sont exploitées par les pêcheurs, en vue de fournir d'écrevisses la capitale, on emploie un piège particulier. Il consiste en une pièce de bois de 1^m,50 à 2 mètres de long et de 0^m,10 à 0^m,12 de diamètre, percée de bout en bout par un trou de tarière, un peu plus gros que la plus grosse écrevisse. On jette à plat, au hasard, ce bois sur le fond de la rivière. Les écrevisses, en se promenant la nuit, trouvent un des bouts ouverts, car on ferme l'autre avec un bouchon d'herbe ; elles y entrent et s'y accumulent jusqu'à ce qu'il soit rempli. On vient en bateau, le lendemain, relever le piège en passant avec un croc sous l'extrémité ouverte, et le retirant ainsi de l'eau, on le vide et on le rejette à sa place. On les prend aussi à la main, et ce n'est pas la manière la moins amusante. Pour cela, il suffit de se mettre dans l'eau vive des petits ruisseaux de la montagne; on n'en a que jusqu'au genou. On retourne les pierres, on tâte les touffes d'herbes, et au prix de quelques pinçons vigoureusement appliqués, on emplit bientôt son panier.

Le meilleur appât pour la pêche à l'écrevisse est de la viande très fraîche, surtout le foie de bœuf, ou encore une grenouille entière fraîchement dépouillée de sa peau. Ce dernier est l'un des meilleurs que l'on puisse employer.

Il est cependant encore un appât supérieur à ceux-ci, et nous allons le faire connaître à nos lecteurs, en leur disant que, par ce moyen, nous avons fait des récoltes très satisfaisantes dans des ruisseaux qui passaient pour dépeuplés et où ce genre d'appât était inconnu. On prend tout simplement des harengs salés, de ceux que les pays ont baptisés du nom de *gendarmes*.

On les suspend dans la balance. Malheureusement cette amorce est molle, facile à déchirer, et quand on la met à nu à la portée des écrevisses, elle est bientôt réduite en morceaux et

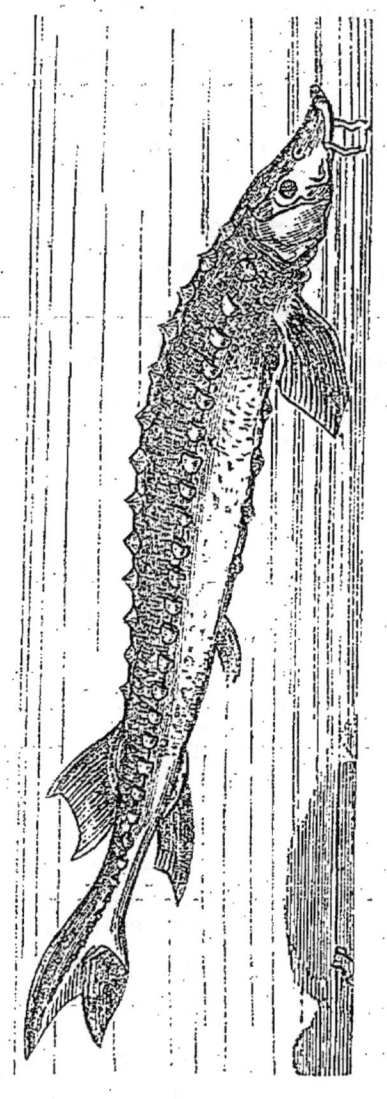

Esturgeon.

dévorée. Il vaut mieux envelopper le gendarme dans un morceau de vieux filet ou de gros tulle. Les écrevisses y entortillent leurs pinces ce qui leur fait perdre un temps précieux, et permet à leurs compagnes alléchées d'arriver sur le piège avant que les premières venues aient fait tout disparaître. Adieu le hareng, adieu la pêche !

Faute de hareng, la morue salée fait aussi bien, mais demande les mêmes précautions. Les sardines salées m'ont également bien réussi. Lorsqu'on se sert de balances, il ne faut pas entendre plus de vingt-cinq ou trente à la fois.

Dès que la dernière est tendue, il est temps, grand temps, de revenir lever la première, et à partir de ce moment, de ne pas cesser de relever successivement, de remettre des amorces, et ainsi de suite, marchan comme le juif-errant, toute la nuit, sans trêve ni repos. C'est ainsi que de neuf heures du soir à deux heures du matin, nous avons pris douze cents écrevisses marchandes !...

Dieu vous en donne autant !

XXXVI

LE TUE-DIABLE

L'usage de ces engins est peu répandu dans notre pays; mais il est nécessaire pour la pêche des salmonidés dans les grandes chutes des rivières torrentueuses du nord de l'Europe et de l'Amérique. Ces engins sont fabriqués d'une manière assez compliquée par les marchands, mais l'amateur qui veut les essayer — dans les conditions où ils peuvent rendre des services —

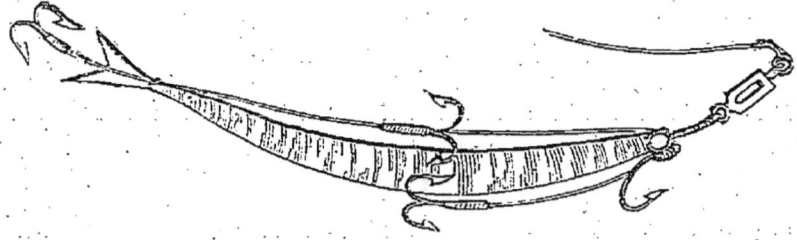

doit pouvoir les composer lui-même. Cette précaution est d'autant meilleure que, quelle que soit la matière-employée pour confectionner ces jolis leurres, elle se ternit très vite, et que l'engin n'a de valeur qu'autant qu'il est brillant, vif et multicolore.

N'oublions pas de répéter encore une fois, que le tue-diable n'a pas besoin d'être gros, au contraire. Le double des dimensions de la gravure suffit; son emploi est restreint aux *eaux bouillantes des torrents et des chutes*, à la pêche des truites et du saumon.

Revenons à la confection du tue-diable. On prend un morceau de plomb en forme d'olive très allongée, ou mieux de crayon aminci légèrement des deux bouts. A l'une des extrémités, on attache, au moyen d'une solide ligature entrant dans de petites encoches faites au plomb, un morceau de clinquant d'argent, ou tout bonnement de fer-blanc mince figurant une queue fourchue de poisson. On recouvre alors le corps du plomb de soies de couleurs les plus disparates possible, on y mêle quelques tours de fil d'or ou d'argent et l'on obtient une chose qui n'a point d'analogue dans la nature, mais qui brille beaucoup.

Ceci fait, il s'agit d'armer notre engin. On prend une belle florence, ronde, blanche et solide que l'on plie, en deux moitiés inégales; l'une, la plus grande, doit être un peu plus longue que le corps du tue-diable à faire, l'autre moitié plus courte environ. A chaque extrémité de cette florence, on empile soigneusement une bricole formée de deux limericks nos 8 à 12, suivant la grosseur du tue-diable. A moitié chemin du grand bout, on en empile deux autres, en bricole, ou successivement, mais à l'envers, c'est-à-dire la pointe tournée vers la pointe des premiers.

Cette première branche armée, on passe à la seconde, la plus courte. A son extrémité on empile, soit une

bricole, soit un grappin des mêmes numéros ou un
peu plus petit. Si l'on y met une bricole seulement,
on termine par un hameçon seul près de l'endroit où
sera la tête.

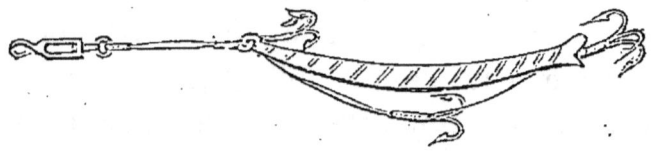

On empile vers le bout opposé à la queue de fer-
blanc cette florence ployée, en ayant soin de former
une boucle dans laquelle on pourra passer une des
extrémités d'un émérillon. Si ce dernier n'a qu'un
porte-mousqueton on passera la florence dans sa
boucle fixe avant de monter les hameçons dont
nous avons parlé. Il sera bon de mettre à l'émérillon
une longueur de florence de un mètre environ portant encore un autre émérillon à son extrémité opposée,
afin que le mouvement de rotation dans l'eau soit
facile et continu.

Tout ceci fait, il ne restera plus qu'à courber légèrement entre les doigts le corps flexible du tue-diable,
pour que l'engin soit complet et prêt à servir. Cette
courbure a pour but de permettre à l'eau de frapper
obliquement sur le leurre, et de le faire ainsi pirouetter
sur lui-même.

QUATRIÈME PARTIE

LÉGISLATION ET RÈGLEMENTS SUR LA PÊCHE

———

XXXVII

RÉGLEMENTATION DE L'EXERCICE DE LA PÊCHE DANS L'INTÉRÊT DE LA CONSERVATION DES ESPÈCES

TITRE Ier

DU DROIT DE PÊCHE

ARTICLE PREMIER — Le droit de pêche sera exercé au profit de l'État :

1° Dans tous les fleuves, rivières, canaux et contre-fossés navigables ou flottables avec bateaux, trains ou radeaux, et dont l'entretien est à la charge de l'État ou de ses ayants cause. *C. N. 538.*

2° Dans les bras, noues, boires et fossés qui tirent leurs eaux des fleuves et rivières navigables ou flottables, dans lesquels on peut en tout temps passer ou pénétrer librement en bateau de pêcheur, et dont l'entretien est également à la charge de l'État.

Sont toutefois exceptés les canaux et fossés existants ou qui seraient creusés dans des propriétés particulières, et entretenues aux frais des propriétaires.

2. Dans toutes les rivières et canaux autres que ceux qui sont désignés dans l'article précédent. Les propriétaires riverains auront, chacun de son côté, le droit de pêche jusqu'au milieu du cours de l'eau, sans préjudice des droits contraires établis par possession ou titres.

3. Des ordonnances royales, insérées au Bulletin des lois, détermineront, après une enquête *de commodo*

et incommodo, quelles sont les parties des fleuves et rivières et quels sont les canaux désignés dans les deux premiers paragraphes de l'article 1er où le droit de pêche sera exercé au profit de l'Etat.

De semblables ordonnances fixeront les limites entre la pêche fluviale et la pêche maritime dans les fleuves et rivières affluant à la mer. Ces limites seront les mêmes que celles de l'inscription maritime ; mais la pêche qui se fera au-dessus du point où les eaux cesseront d'être salées sera soumise aux règles de police et de conservation établies pour la pêche fluviale. *P. F. 56 ; decr. 27 nov. 1859.*

Dans le cas où des cours d'eau seraient rendus ou déclarés navigables ou flottables, les propriétaires qui seront privés du droit de pêche auront droit à une indemnité préalable, qui sera réglée selon les formes prescrites par les articles 16, 17 et 18 de la loi du 8 mars 1810, compensation faite des avantages qu'ils pourraient retirer de la disposition prescrite par le gouvernement. *P. F. 2.*

4. Les contestations entre l'administration et les adjudicataires relatives à l'interprétation et à l'exécution des conditions des baux et adjudications, et toutes celles qui s'élèveraient entre l'administration ou ses ayants cause et des tiers intéressés, à raison de leurs droits ou de leurs propriétés, seront portées devant les tribunaux.

5. Tout individu qui se livrera à la pêche sur les fleuves et rivières navigables ou flottables, canaux, ruisseaux ou cours d'eau quelconques. sans la permission de celui à qui le droit de pêche appartient, sera condamné à une amende de vingt francs au moins et de cent francs au plus indépendamment des dommages-intérêts. *P. F. 56, 69 à 72.*

Il y aura lieu, en outre, à la restitution du prix du poisson qui aura été pêché en délit, et la confiscation des filets et engins de pêche pourra être prononcée. *P. F. 41, 75.*

Néanmoins, il est permis à tout individu de pêcher à la ligne flottante, tenue à la main, dans les fleuves, rivières et canaux désignés dans les deux premiers paragraphes de l'article 1er de la présente loi, le temps du frai excepté *P. F. 26, § 1er.*

TITRE IV

CONSERVATION ET POLICE DE LA PÊCHE

23. Nul ne pourra exercer le droit de pêche dans les fleuves et rivières navigables ou flottables, les canaux, ruisseaux ou cours d'eau quelconques, qu'en se conformant aux dispositions suivantes :

24. Il est interdit de placer dans les rivières navigables ou flottables, canaux et ruisseaux, aucun barrage, appareil ou établissement quelconque de pêcherie ayant pour objet d'empêcher entièrement le passage du poisson.

Les délinquants seront condamnés à une amende de cinquante francs à cinq cents francs, et en outre, aux dommages-intérêts ; et les appareils ou établissements de pêche seront saisis et détruits. *P. F. 69 s.*

25. Quiconque aura jeté dans les eaux, des drogues ou appâts qui sont de nature à enivrer le poisson ou à le détruire, sera puni d'une amende de trente francs à trois cents francs, et d'un emprisonnement d'un mois à trois mois. *P. F. 69 s ; Ch. 42 ; 5°.*

26. Des ordonnances royales détermineront :

1° Les temps, saisons et heures pendant lesquels la pêche sera interdite dans les rivières et cours d'eau quelconques. *P. F. 27 ;*

2° Les procédés et modes de pêche qui étant de nature à nuire au repeuplement des rivières, devront être prohibés. *P. F. 28 ;*

3° Les filets, engins et instruments de pêche qui seront défendus comme étant aussi de nature à nuire au repeuplement des rivières. *P. F. 28 ;*

4° Les dimensions de ceux dont l'usage sera permis dans les divers départements pour la pêche des différentes espèces de poissons. *P. F. 29 ;*

5° Les dimensions au-dessous desquelles les poissons de certaines espèces qui seront désignées ne pourront être pêchés et devront être rejetés en rivière. *P. F. 30 ;*

6° Les espèces de poissons avec lesquelles il sera défendu d'appâter les hameçons, nasses, filets ou autres engins. *P. F. 31.*

27. Quiconque se livrera à la pêche pendant les temps, saisons et heures prohibés par les ordonnances, sera puni d'une amende de trente à deux cents francs. *P. F. 26 § 1er, 69 s.*

28. Une amende de trente à cent francs sera prononcée contre ceux qui feront usage, en quelque temps et en quelque fleuve, rivière, canal ou ruisseau que ce soit, de l'un des procédés ou modes de pêche ou de l'un des instruments ou engins de pêche prohibés par les ordonnances. *P. F. 26 §§ 2 et 5, 69 s.*

Si le délit a eu lieu pendant le temps du frai, l'amende sera de soixante à deux cents francs. *P. F. 26. § 1er, 69 s.*

29. Les mêmes peines sont prononcées contre ceux qui se serviront, pour une autre pêche, de filets permis seulement pour celle du poisson de petite espèce. *P. F. 26 § 4, 69 s.*

Ceux qui seront trouvés porteurs ou munis, hors de leur domicile, d'engins ou d'instruments de pêche prohibés pourront être condamnés à une amende qui n'excédera pas vingt francs, et à la confiscation des engins ou instruments de pêche, à moins que ces engins ou instruments ne soient destinés à la pêche dans les étangs ou réservoirs. *P. F. 39 ; Ch. 12, n° 3.*

30. Quiconque pêchera, colportera ou débitera ces poissons qui n'auront point les dimensions déterminées par les ordonnances, sera puni d'une amende de vingt à cinquante francs, et de la confiscation desdits poissons. *P. F. 26 § 5, 69 s.*

Sont néanmoins exceptées de cette disposition les ventes de poisson provenant des étangs ou réservoirs.

Sont considérés comme des étangs ou réservoirs les fossés et canaux appartenant à des particuliers, dès que leurs eaux cessent naturellement de communiquer avec les rivières.

31. La même peine sera prononcée contre les pêcheurs qui appâteront leurs hameçons, nasses, filets ou autres engins avec des poissons des espèces prohibées qui seront désignées par les ordonnances. *P. F. 26 § 6, 69 s.*

32. — Les fermiers de la pêche et porteurs de licences, leurs associés, compagnons et gens à gages, ne pourront faire usage d'aucun filet ou engin quelconque, qu'après qu'il aura été plombé ou marqué par les agents de l'administration de la police de la pêche.

La même obligation s'étendra à tous autres pêcheurs compris dans les limites de l'inscription maritime, pour les engins et filets dont ils feront usage dans les cours d'eau désignés par les paragraphes 1 et 2 de l'article 1er de la présente loi.

Les délinquants seront punis d'une amende de vingt francs pour chaque filet ou engin non plombé ou marqué. *P. F. 9, 39.*

62. Les actions en réparations

de délits en matière de pêche se prescrivent par un mois à compter du jour où les délits ont été constatés, lorsque les prévenus sont désignés dans les procès-verbaux. Dans le cas contraire, le délai de prescription est de trois mois, à compter du même jour. *F. 185 ; Ch. 29.*

SECTION II

DES POURSUITES EXERCÉES AU NOM ET DANS L'INTÉRÊT DES FERMIERS DE LA PÊCHE ET DES PARTICULIERS

65. Les délits qui portent préjudice aux fermiers de la pêche, aux porteurs de licences et aux propriétaires riverains, seront constatés par leurs gardes, lesquels sont assimilés aux gardes-bois des particuliers. *P. F. 58 ; F. 188.*

TITRE VI

DES PEINES ET CONDAMNATIONS

69. Dans le cas de récidive, la peine sera toujours doublée. *P. F. 5, 24, 25, 27, à 54. 79, § 4.*
Il y a récidive, lorsque, dans les douze mois précédents, il a été rendu contre le délinquant un premier jugement pour délit en matière de pêche. *F. 201 ; Ch. 14, 15.*
70. Les peines seront également doublées, lorsque les délits auront été commis la nuit. *F. 201 ; Ch. 12 ; § 2.*
71. (*202 du Code forestier.*) Dans tous les cas où il y aura lieu à adjuger des dommages-intérêts, ils ne pourront être inférieurs à l'amende simple prononcée par le jugement.
72. Dans tous les cas prévus par la présente loi, si le préjudice causé n'excède pas 25 francs, et si les circonstances paraissent atténuantes, les tribunaux sont autorisés à réduire l'emprisonnement même au-dessous de six jours, et l'amende même au-dessous de 16 francs ; ils pourront aussi prononcer séparément l'une ou l'autre de ces peines, sans qu'en aucun cas elle puisse être au-dessous des peines de simple police. *F. 205 ; Ch. 20 ; C. P. 463.*
73. (*204 du Code forestier.*) Les restitutions et dommages-intérêts appartiennent aux fermiers, porteurs de licences et propriétaires riverains, si le délit est commis à leur préjudice ; mais, lorsque le délit a été commis par eux-mêmes au détriment de l'intérêt général, ces dommages-intérêts appartiennent à l'État.
Appartiennent également à l'État toutes les amendes et confiscations. *Ch. 19.*
74. Les maris, pères, mères, tuteurs, fermiers et porteurs de licences, ainsi que tous propriétaires, maîtres et commettants seront civilement responsables des délits en matière de pêche commis par leurs femmes, enfants mineurs, pupilles, bateliers et compagnons, et tous autres subordonnés, sauf tout recours de droit.
Cette responsabilité sera réglée conformément à l'article 1384 du Code civil. *F. 206 ; Ch. 28.*

TITRE VII

DE L'EXÉCUTION DES JUGEMENTS

SECTION Ire

DE L'EXÉCUTION DES JUGEMENTS RENDUS A LA REQUÊTE DE
L'ADMINISTRATION OU DU MINISTÈRE PUBLIC

75. (*209 du Code forestier*.) Les jugements rendus à la requête de l'administration chargée de la police de la pêche, ou sur la poursuite du ministère public, seront signifiés par simple extrait, qui contiendra le nom des parties et le dispositif du jugement.

Cette signification fera courir les délais de l'opposition et de l'appel des jugements par défaut.

76. Le recouvrement de toutes les amendes pour délits de pêche est confié aux receveurs de l'enregistrement et des domaines.

Ces receveurs sont également chargés du recouvrement des restitutions, frais et dommages-intérêts résultant des jugements rendus en matière de pêche. *F. 210; P. F. 81.*

77. (*211 du Code forestier*.) Les jugements portant condamnation à des amendes, restitutions, dommages-intérêts et frais, sont exécutoires par la voie de la contrainte par corps ; et l'exécution pourra en être poursuivie cinq jours après un simple commandement fait aux condamnés.

En conséquence, et sur la demande du receveur de l'enregistrement et des domaines, le procureur du roi adressera les réquisitions nécessaires aux agents de la force publique chargés de l'exécution des mandements de justice.

78. (*212 du Code forestier*.) Les individus contre lesquels la contrainte par corps aura été prononcée pour raison des amendes et autres condamnations et réparations pécuniaires subiront l'effet de cette contrainte jusqu'à ce qu'ils aient payé le montant desdites condamnations, ou fourni une caution admise par le receveur des domaines, ou, en cas de contestation de sa part, déclarée bonne et valable par le tribunal de l'arrondissement.

79. (*213 du Code forestier*.) Néanmoins les condamnés qui justifieront de leur insolvabilité, suivant le mode prescrit par l'article 420 du code d'instruction criminelle, seront mis en liberté après avoir subi quinze jours de détention, lorsque l'amende et les autres condamnations pécuniaires n'excéderont pas quinze francs.

La détention ne cessera qu'au bout d'un mois, lorsque les condamnations s'élèveront ensemble de quinze à cinquante francs.

Elle ne durera que deux mois, quelle que soit la quotité desdites condamnations.

En cas de récidive, la durée de la détention sera double de ce qu'elle eût été sans cette circonstance.

80. (*214 du Code forestier*.) Dans tous les cas, la détention employée comme moyen de contrainte est indépendante de la peine d'emprisonnement prononcée contre les condamnés, pour tous les cas où la loi l'inflige.

No 7106. — *Décret portant règlement sur la pêche fluviale.*

Du 18 mai 1878.

LE PRÉSIDENT DE LA RÉPUBLIQUE FRANÇAISE.

Sur le rapport du ministre des travaux publics ;

Vu la loi du 15 avril 1829 ;

Vu la loi du 31 mai 1865 ;

Vu le décret du 10 août 1875 ;

Le conseil d'Etat entendu,

DÉCRÈTE :

ART. 1er. Les articles 1er, 6, 7, 9, 13 et 20 du décret du 10 août 1875 sont modifiés de la manière suivante :

Art. 1er. Les époques pendant lesquelles la pêche est interdite, en vue de protéger la reproduction du poisson, sont fixées comme il suit :

1° Du 20 octobre au 31 janvier, est interdite la pêche du saumon, de la truite et de l'ombre-chevalier ;

2° Du 15 novembre au 31 décembre, est interdite la pêche du lavaret ;

3° Du 15 avril au 15 juin, est interdite la pêche de tous les autres poissons et de l'écrevisse.

Les interdictions prononcées dans les paragraphes précédents s'appliquent à tous les procédés de pêche, même à la ligne flottante tenue à la main.

Art. 6. La pêche n'est permise que depuis le lever jusqu'au coucher du soleil.

Toutefois, la pêche de l'anguille, de la lamproie et de l'écrevisse peut être autorisée après le coucher et avant le lever du soleil, dans les cours d'eau désignés et aux heures fixées par des arrêtés préfectoraux, rendus après avis des conseils généraux. Ces arrêtés déterminent, pour l'anguille, la lamproie et l'écrevisse, la nature et les dimensions des engins dont l'emploi est autorisé.

La pêche du saumon et de l'alose peut être autorisée par des arrêtés préfectoraux, rendus après avis des conseils généraux, pendant deux heures au plus après le coucher du soleil, et deux heures au plus avant son lever, dans certains emplacements des fleuves et des rivières navigables spécialement désignés.

Art. 7. Le séjour dans l'eau des filets et engins ayant les dimensions réglementaires est permis à toute heure, sous la condition qu'ils ne peuvent être placés et relevés que le lever depuis jusqu'au coucher du soleil.

Art. 9. Les mailles des filets, mesurées de chaque côté après leur séjour dans l'eau, et l'espacement des verges, des bires, nasses et autres engins employés à la pêche des poissons, doivent avoir les dimensions suivantes :

1° Pour les saumons, quarante millimètres au moins ;

2° Pour les grandes espèces autres que le saumon et pour l'écrevisse, vingt-sept millimètres au moins ;

3° Pour les petites espèces telles que goujons, loches, vérons, ablettes et autres, dix millimètres.

La mesure des mailles et de l'espacement des verges est prise avec une tolérance d'un dixième.

Il est interdit d'employer simultanément à la pêche des filets ou engins de catégories différentes.

Art. 13. Sont prohibés tous les filets traînants, à l'exception du petit épervier jeté à la main et manœuvré par un seul homme.

Sont réputés traînants tous les filets coulés à fond et promenés sous l'action d'une force quelconque.

Est pareillement prohibé l'emploi de lacets ou collets.

Toutefois, des arrêtés préfectoraux, rendus après avis des conseils généraux, peuvent autoriser, à titre exceptionnel, l'emploi de certains filets traînants, à mailles de quarante millimètres au moins, pour la pêche d'espèces spécifiées dans les parties profondes des lacs, des réservoirs de canaux et des fleuves et rivières navigables. Ces arrêtés désignent spécialement les parties considérées comme profondes dans les lacs, réservoirs de canaux, fleuves et rivières navigables. Ils indiquent aussi les noms locaux des filets autorisés et les heures auxquelles leur manœuvre est permise.

Art. 20. Les arrêtés pris par les préfets, en vertu des articles 2, 6, 10, 13, 16 et 19 du présent décret,

ne sont exécutoires qu'après approbation donnée par le ministre des travaux publics, le conseil général des ponts et chaussées entendu.

Ces arrêtés ne sont valables que pour une année ; ils peuvent être renouvelés.

A la fin de chaque année, les préfets adressent au même ministre un relevé des autorisations accordées en vertu de l'article 18.

2. Le ministre des travaux publics est chargé de l'exécution du présent décret.

Fait à Versailles, le 18 mai 1878.

Signé Mal DE MAC-MAHON.

Le ministre des travaux publics,

Signé C. DE FREYCINET.

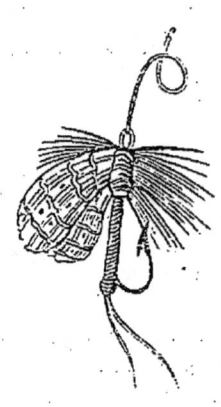

XXXVIII

FIXATION DU TEMPS DE FRAI

Sans doute, la fixation du temps de frai ne peut être la même pour toute la France, puisque la chaleur influe énormément sur le moment de la reproduction. Le soleil frappe plus fort, et surtout plus tôt dans le Midi que dans le Nord, et les œufs d'une même espèce y éclosent beaucoup plus vite. D'un autre côté, les poissons d'une même espèce frayent plus tard ou plus tôt, suivant que les cours d'eau où ils vivent sont en plaines ou en montagnes, suivant aussi que la saison se montre plus douce ou plus rude.

On a divisé en deux grandes sections les poissons de nos cours d'eau, ceux qui frayent au printemps et ceux qui frayent en hiver ; de là deux saisons prohibées : L'une qui, en moyenne, commence du 15 mars au 15 avril pour finir au 15 juin ; l'autre qui s'étend de novembre ou décembre à février et mars, et qui s'adresse au genre seul des *Salmones*.

Un assez grand nombre de règlements départemen-

taux exceptent de ces prohibitions les poissons émi-
grants, comme : aloses, mulets, lamproies, etc. ; leur
frai a lieu à la mer. Ce serait une grave imprudence
d'y comprendre le saumon, que l'on ne prend dans les
fleuves et rivières, qu'alors qu'il va dans les caux plus
hautes chercher un endroit pour frayer.

Chaque année, un arrêté préfectoral est affiché,
indiquant l'ouverture et la fermeture du temps de frai,
et par conséquent la fermeture et la réouverture de la
pêche.

L'article 26 de la loi de 1829 avait agi fort sagement
en laissant aux autorités le soin de réglementer les
temps, saisons, et heures pendant lesquels la pêche
sera interdite dans les rivières et cours d'eau quelconques, etc. Malheureusement, par règlement du 15 septembre 1830, il délègue, de seconde main, aux préfets
des départements, le soin de réglementer ce point si
important. Il en résulte à peu près autant de jurispru-
dences que de départements.

Si ce n'eût été encore que cela, le mal eût été sup-
portable, mais l'administration supérieure elle-même
ne tarda pas à se convaincre, sur la plainte des intéressés, que les règlements étaient faits à tort et à travers, que beaucoup allaient à l'encontre de ce que l'on
avait désiré, et que la dépopulation de nos cours d'eau
marchait à pas de géant. Joignons à cela le tohu-bohu
le plus complet au sujet des filets et modes de pêche
permis et prohibés, et nous aurons une idée fidèle de
l'ensemble de notre réglementation de la pêche fluviale
en France, tiraillée en sens contraire par quatre vingt-

six règlements contradictoires, incomplets, et souvent inexécutables.

Tel était l'état de la législation lorsque fut faite la loi du 31 mai 1865. Son article 1er porte que des décrets rendus en conseil d'Etat, après avis des conseils généraux, détermineront un certain nombre de clauses spéciales, au nombre desquelles est mise la fixation du temps de frai (art. 1er, § 1er, et art. 4, § 11). Les conseils généraux, consultés officiellement une première fois, en 1865, ont demandé des instructions supplémentaires, qui leur ont été fournies pour la session de 1866, par les ponts et chaussées. C'est ensuite de leur délibération qu'un règlement d'administration publique est à l'étude en ce moment (janvier 1867), qui statuera sur cette fixation, du plus haut intérêt pour le peuplement des cours d'eau de la France.

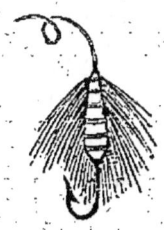

XXXIX.

PÊCHE DE NUIT

La plupart des règlements préfectoraux interdisent la pêche de nuit, excepté aux endroits où se tendent les filets dormants, c'est-à-dire les arches des ponts, les digues et les écluses. Cette disposition est-elle également applicable aux autres engins dormants aptes à prendre le poisson, tels que *tambours*, *louves*, *verveux*, et enfin *lignes de fond*, *pater-noster*, etc., c'est ce qui n'est nulle part décidé en termes formels; l'esprit de la loi et du règlement semble vouloir défendre la nuit la pêche qui nécessite la présence du pêcheur, et, dans ce cas, la prohibition est bonne, car la surveillance pendant la nuit est très difficile, pour ne pas dire impossible, et la rébellion trop aisée envers les agents de l'administration. Ainsi comprise, la loi a raison, surtout appliquée aux pêcheurs de profession, et cependant elle a dû souffrir de nombreuses exceptions. Ainsi il existe telle rivière croupie et morte où le poisson ne peut être capturé que la nuit, à l'épervier.

Or, suivant la coutume, la personne la moins bien informée, en fait de pêche, de tous les administrés est le préfet qui, dans son arrêt, se garde bien de dire un mot des exceptions qu'il devrait faire. Aussi, qu'arrive-t-il ? Les pêcheurs se passent de la permission, ils jettent l'épervier la nuit, et comme dans le pays tout le monde sait que c'est le seul moyen *possible* de tirer les poissons de la rivière, personne ne dit rien. Le bon sens public remplace la loi, et c'est à tort.

Autre exception : la pêche du barbeau au fromage et aux jeux, à la ligne à soutenir, ne peut se faire que la nuit, de neuf heures à minuit. Elle se fait à cette heure en plein Paris, sur le pont des Invalides, par des pêcheurs qui ont une patente du fermier de pêche ; mais la loi donne-t-elle à ce fermier le droit de se livrer à la pêche de nuit, qu'elle ne permet pas explicitement ? Encore une lacune dans la législation sur la pêche ! Quand la remplira-t-on ?

XL

PÊCHE DU DIMANCHE

L'ordonnance du 15 septembre 1830 confiait aux
préfets (art. 5), dans chaque département, le soin de
déterminer, — sur l'avis du conseil général et après
avoir consulté les agents forestiers en ce temps-là chargés de la police de la pêche et des eaux ; maintenant
c'est aux ponts et chaussées qu'incombe cette tâche —
de ʿdéterminer, dis-je, les temps, saisons, et heures
pendant lesquels la pêche pouvait être interdite dans
les rivières et les cours d'eau.

Il résulte de cette disposition que chaque département a cru pouvoir se faire une loi spéciale, et que,
de ce concert de dispositions contradictoires, absurdes,
est née une indécision que la nouvelle loi s'efforce de
faire cesser.

Dans certains départements, par exemple, plus
rigides, plus austères ou plus puritains que d'autres, la
pêche était interdite le dimanche ; quoique cette disposition ne fût qu'une réminiscence de la célèbre

ordonnance de 1669, elle n'en était pas moins une
entrave et un anachronisme analogue à celui dont nos
voisins les anglais se plaisent à émailler leur vie.

Pour ceux — et ils sont nombreux — qui font de la
pêche et de la chasse une récréation hygiénique et
non un métier, pauvres gens de labeur intellectuel qui
souvent n'ont que ce jour de répit et de liberté, créer
une semblable tyrannie, c'est se rendre coupable gra-
tuitement d'inhumanité. Espérons que les nouveaux
règlements, en cours d'exécution et complétant le
texte et les dispositions de la loi du 31 mai 1865, ne
retomberont pas dans une réglementation aussi fan-
taisiste et aussi arbitraire, de la liberté naturelle, et...
la plus innocente.

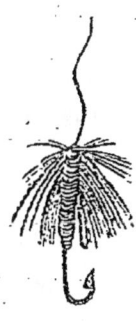

XLI

CAGES ET PANIERS AUX VANNES DES MOULINS

La plupart du temps, les retenues d'eau nécessaires pour l'alimentation des moulins barrent un cours d'eau tout entier ; pendant que la roue tourne, peu de poissons sont capables de remonter le courant rapide qui s'établit dans le coursier. C'est donc seulement par la vanne de décharge destinée à écouler le trop plein de la retenue d'eau, que la communication peut s'établir entre le haut et le bas de la rivière ; empêcher d'une manière quelconque le poisson de passer par cette voie, c'est contrevenir à l'art. 24 de la loi de 1829 ; c'est donc à propos, mais peut-être sans nécessité, que cette disposition figure dans les règlements locaux ; il est probable que l'art. 24, sainement entendu, aurait été suffisant.

XLII

PÊCHE A LA MAIN

Pendant la journée, le poisson se retire souvent dans des crônes, caves ou sous-rives, pour se mettre à l'abri de la chaleur ; il y reste dans une sorte de somnolence et dans une complète immobilité. En se mettant à l'eau et en marchant le long du bord lorsqu'on trouve pied, ou en plongeant lorsqu'il y a beaucoup de fond, on peut apercevoir et prendre à la main ces poissons sans défiance. Dans les pays de montagnes, j'ai vu des nageurs intrépides s'engager, en plongeant, dans des cavernes sous-riveraines, et revenir quelquefois avec trois truites, une de chaque main et une autre entre les dents. C'est un rude métier que celui-là, surtout dans les torrents alimentés par la fonte des neiges. La pêche à la main est beaucoup plus commode lorsque dans les petits fonds d'eau des rivières de plaines, immergé seulement jusqu'à la ceinture, on se borne à *fourgonner* dans les trous du rivage, ou sous les pierres et dans les touffes d'herbes aquatiques. Quoi qu'il en soit, la récolte est souvent abondante; passe encore pour cette prohibition, bien que, selon toute apparence, bon nombre d'entre MM. les conseillers généraux qui la prononcent fussent très peu disposés à user, pour leur compte, des facilités que donne la pêche à la main.

XLIII

PÊCHE AU FEU

Remontons un peu vers les décisions anciennes et nous y trouverons la source de défenses qui se perpétuent indéfiniment dans nos lois, et qui se succèdent sans que l'utilité en soit le moins du monde démontrée, alors, au contraire, que ces prescriptions sont contre la jouissance bien entendue du bien de tous et son exploitation judicieuse.

Quel est le but en effet de toute exploitation régulière et bien entendue dans un amas d'eau quelconque, si ce n'est d'y faire la récolte des poissons *arrivés à leur maximum d'accroissement*, c'est-à-dire parvenus à cet âge où ils ne *profitent* que très lentement, dépensant beaucoup et rapportant peu ? Une exploitation de pêche est-elle donc autre chose que toute exploitation de matière animée, végétale ou animale, dans laquelle le maximum de produits en argent et en matière doit être cherché ?

Ceci une fois admis, — et il nous semble impossible qu'il en soit autrement, — voyons ce que fait la pêche au feu. Elle permet de choisir les poissons les plus

gros, — donc les *plus adultes*, si le mot était français,
— eille va même plus loin : en la restreignant à l'emploi de la foëne, elle ne permet de captures que ceux-
là. Que voulez-vous de plus et de mieux? En quoi est-
elle le fait d'un mauvais usufruitier? Elle défend le
peuple, le fretin de toute destruction, puisqu'elle *ne
peut* l'atteindre, et prend le gros, les exploitables à
merci !

D'accord avec vous sur l'emploi terrible que le braconnier peut faire de la lueur du feu pour jeter un
épervier sur les poissons rassemblés, je ne vois pas
pourquoi l'on interdit une bonne chose parce qu'elle
peut avoir des inconvénients, des abus. Quelle est la
chose de ce monde qui n'en a pas? Et d'ailleurs n'est-
ce pas au propriétaire ou à l'usufruitier qui en a la
jouissance, à garder son bien? Croit-on que ce sera
l'absence de feu qui empêchera le braconnier d'appâter
le soir l'endroit de l'étang d'autrui, ou de la rivière du
voisin, où il compte après-demain venir pêcher à coup
sûr? Non. Au contraire, le feu se voit de loin. La lueur
est un indice, une marque que le braconnier n'adoptera jamais; il est trop rusé pour cela.

Qui l'adoptera alors? Le propriétaire qui, lui, n'en
mésusera pas, et qui a le droit d'ailleurs d'user et d'a-
buser de sa chose sans en rendre compte à personne.

L'ordonnance de 1669, relative à la pêche fluviale
est d'une sévérité dont rien n'approche, puisque
(art. 10) elle va jusqu'à défendre la *ligne de fond* le
gille, le *tramail*, le *furet*, l'*épervier*, etc. — Avec quoi
pêchait-on alors? — Aussi n'a-t-elle pas manqué

(art. 11), après avoir défendu d'employer les lignes amorcées de vif, de dire : leur défendons-nous d'aller à la farre.... (art. 18). Faisons défense à toute personne d'aller sur les mares, étangs et fossés, lorsqu'ils seront glacés, pour y rompre la glace et y faire des trous, et de porter des flambeaux, brandons et autres feux, à peine d'être *puni comme de vol.*

Ainsi voilà qui est bien entendu, le feu est prohibé. Cette mesure vaut ce que valait celle qui défendait les filets ci-dessus dénommés, filets dont tout le monde se sert aujourd'hui en plein jour. Il en sera de même de la prohibition du feu, quand on se sera donné la peine de faire une loi de pêche qui aura le sens commun. Le décret de la convention du 8 frimaire an 11 maintient les règles établies dans l'ordonnance de 1669 et dans son judicieux article 11.

Nous arrivons à un arrêté du Directoire exécutif en date du 28 messidor an VI, qui assure encore l'exécution du même article et des autres. Enfin, vint la loi sur la pêche fluviale du 15 avril 1829, puis l'ordonnance royale du 15 novembre 1830 et le règlement sur la pêche fluviale dans le département de la Seine. Nous y trouvons (art. 7) la même prohibition mise au nombre des procédés et modes de pêche *reconnus nuisibles au repeuplement des rivières.* Reconnus nuisibles au *repeuplement !*... Mais on ne dépeuple pas une rivière en capturant les plus gros individus qui la peuplent. Admettons que ce soit les seuls reproducteurs, alors *toute pêche,* quelle qu'elle soit, serait par là même défendue.

13

« En conséquence, il est défendu : 1° d'attirer et rassembler les poissons en pêchant la nuit aux flambeaux, brandons, et autres feux, — mêmes termes que l'ordonnance de 1669 ! — en rompant la glace et en employant les clairons, trompettes et chaînes, etc. »

Terminons par quelques mots sur l'absurdité qui sert de corollaire à ce beau théorème. Elle est digne du reste. Vouloir faire des calembours est une excellente chose, mais en fabriquer à propos de la loi est trop fort. Au moyen âge, *clairon* voulait dire *chose qui éclaire, éclairant :* cela va tout seul, un clairon est un flambeau, une torche, un feu. Le rédacteur — inconnu hélas ! mais tout aussi ignare—de la loi s'est dit : « Puisque le texte de la loi porte *clairon*, nous pouvons bien y introduire aussi *trompette*, qui en est la cousine germaine,... et voilà pourquoi notre code défend expressément de faire manœuvrer les poissons comme un régiment de cavalerie... Pas d'orchestre de cuivre ! laissons-le à l'Opéra... »

Mais, assez de niaiseries ! Quand fera-t-on disparaître de semblables méprises ? Reparaîtront-elles dans la nouvelle loi ? Qui le sait ?... Le même *quiproquo* se retrouve hélas ! dans tous nos décrets sur la pêche maritime, excepté dans le dernier.

XLIV

PÊCHE A LA FOENE ET AU TRIDENT

L'emploi de ces instruments est souvent combiné avec celui du feu, et, comme tel, il est à juste titre prohibé. Quelquefois, dans les eaux claires et sous une incidence particulière des rayons du soleil, le fond de l'eau est assez éclairé pendant le jour pour qu'on y distingue parfaitement le poisson ; il peut alors facilement être atteint par les armes de hast. Aussi plusieurs règlements locaux prohibent-ils d'une manière absolue l'usage du trident, de la fouane ou fouine, du sabre, de l'épée, et autres instruments piquants et tranchants ; je pense qu'il y faut joindre aussi la serpe, avec laquelle M. Alexandre Dumas assure avoir coupé une truite en deux, le même jour où il mangea un bifteck d'ours.

N. B. — Quelques règlements rangent l'épée et le sabre au nombre des filets : comprenne qui pourra.

XLV

PÊCHE SOUS LA GLACE

Alors que la glace emprisonne les cours d'eau et les étangs, les poissons éprouvent une gêne bien facile à comprendre, car elle prend naissance non seulement dans la diminution de l'air respirable, dans l'augmentation des gaz insalubres que laisse échapper la vase, mais encore dans la pénurie de nourriture. Il est donc tout naturel qu'ils se portent en foule vers les ouvertures que l'homme pourrait faire à la toiture de leur prison.

C'est ce qui arrive, et, au moyen de la truble, le plus simple des filets, le pêcheur fait facilement une ample moisson. Nous n'attaquerons pas l'interdiction de cette pêche, comme nous avons attaqué la défense de la pêche au feu, parce qu'ici le pêcheur ne choisit pas, — il ne le peut pas, — il prend tout ; et, comme les petits sont beaucoup plus nombreux, plus affamés et plus malades que les gros, il détruit et mésuse.

Aussi, la plupart des arrêtés préfectoraux, rendus en conformité de l'ordonnance du 15 septembre 1830, avaient-ils eu raison de défendre la pêche sur la glace. Espérons que le règlement d'administration publique, qui va paraître, en exécution de l'article Ier de la loi du 31 mai 1865, sera aussi explicite.

XLVI

PÊCHE AVEC TROMPETTE OU CLAIRON

Les poissons, comme les animaux sauvages, en
général, redoutent le trop grand bruit. Les orchestres
du maëstro Verdi seraient probablement très peu de
leur goût. Il paraît que, dans certains pays que je n'ai,
du reste, pour ma part, jamais rencontrés, on a ima-
giné d'exploiter contre eux cette horreur instinctive
que leur inspire la famille des saxophones, des sax-
trombas et autres cornets à bouquin similaires. On
garnit donc de tramails les avenues de leurs retraites,
et l'on vient exécuter au bord des eaux des fanfares à
grand orchestre. Les infortunés s'échappent au plus
vite, absolument comme vous et moi pourrions faire en
pareil cas; mais en voulant rentrer chez eux ou en
sortir, ils s'empêtrent dans les filets qui les attendent.
La proscription formulée contre ce procédé barbare me
plaît; elle ménage à la fois l'existence des poissons et
les oreilles des riverains. Comme je le disais tout à
l'heure, certains règlements prétendent que le clairon
n'est autre chose qu'une torche de paille dont on se
sert pour s'éclairer à la pêche au feu. N'a-t-on pas vu
autrefois un quadrumane prendre le Pirée pour un
homme? C'est le cas de dire : Fiat lux !

XLVII

PÊCHE A BOUILLES

Une disposition empruntée à l'ordonnance de 1669, et reproduite dans beaucoup de règlements départementaux, défend de bouiller avec des bouilles ou rabots sous les racines, souches, chevrins, arbres, vorgines ou rochers; d'où il suit que, lorsque le poisson est retiré dans ses retraites, il est défendu de l'en faire sortir pour le prendre dans les filets dont on a entouré son asile. Dieu merci! il existe une pratique inverse qui consiste à cerner ces demeures et à effrayer, en battant l'eau, les poissons qui se trouvent dehors, de telle sorte qu'ils se prennent dans les mailles perfides en cherchant à rentrer chez eux. Ce procédé-là n'est pas aussi généralement proscrit que l'autre; profitez-en lorsque le règlement local ne s'y opposera pas.

XLVIII

BARANDAGE

Cet ancien mot, invariablement reproduit dans presque tous les règlements, désigne un vieux procédé de pêche pratiqué jadis, à ce qu'il paraît, une fois l'an par certains officiers des eaux et forêts, en manière de Saturnales. Il consiste à barrer la rivière par des filets, et notamment à l'aide de tramails, et à traîner sur le fond, en commençant à une certaine distance, et en se rapprochant peu à peu des chaînes, tracs ou cliquettes de bois qui, par le bruit et le mouvement qu'ils occasionnent, font que le poisson éperdu se précipite tête baissée dans les filets. C'est, pour la pêche, l'équivalent de ce qu'est, pour la chasse, la battue à cor et à cri avec des rets, pratique destructive qu'il est bon de proscrire sur la terre et sur l'onde.

XLIX

TIR AU FUSIL

La plupart des arrêtés préfectoraux dressés en conformité de l'article 5 de l'ordonnance du 15 septembre 1830, ont prohibé la pêche au fusil. Cependant il faut avouer qu'aucune ne devrait être plus permise. Quel dommage cause-t-elle? Aucun. S'attaque-t-elle au frai? Jamais, puisque l'on ne peut tuer que des poissons parfaitement adultes, et même, le plus souvent, que ceux qui ont atteint la plus forte taille. Le coup de fusil cause-t-il dans l'eau un bouillonnement, une perturbation préjudiciable au fretin? Mais non, mille fois non !... pas plus qu'un coup de bâton, ou une pierre que le premier gamin y lance. Il faudrait donc interdire aussi les ricochets que les enfants font au bord de l'abreuvoir! On a bien raison de dire, quelquefois, que les lois sont faites par des gens qui n'ont pas la moindre notion des choses qu'ils règlementent! La pêche au fusil est, d'ailleurs, comme la pêche à la ligne, un délassement du petit nombre : c'est une occupation aristocratique qui prend beaucoup de temps, développe l'adresse, mais ne rapporte pas beaucoup de poissons. Quant à être nuisible, nous le nions formellement. Le poisson blessé, dirait-on, va mourir au loin et est perdu pour tout le monde. Depuis quand prohibe-t-on la chasse parce que des perdrix vont mourir au loin, emportant le plomb dans leur corps et ne servant de pâture qu'aux fouines et aux renards ?

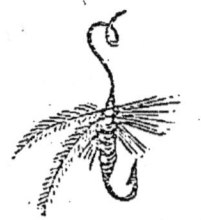

TABLE DES MATIERES

Ire PARTIE

GÉNÉRALITÉS

IIe PARTIE

POISSONS DE PROIE

IIIᵉ PARTIE

POISSONS QUI NE MORDENT PAS A LA LIGNE

IVᵉ PARTIE

LÉGISLATION ET RÈGLEMENTS SUR LA PÊCHE

Évreux, Ch. Hérissey, imp. — 780